LA CUISINE INDIENNE 2022

RECETTES POUR LES DÉBUTANTS

VALERIE PETIT

Table des matières

Galettes de légumes

Donne 12

Ingrédients

2 cuillères à soupe de poudre d'arrow-root

4-5 grosses pommes de terre, bouillies et râpées

1 cuillère à soupe d'huile végétale raffinée et un peu plus pour la friture

125g/4½oz besan*

25g/peu de 1oz de noix de coco fraîche, râpée

4-5 noix de cajou

3-4 raisins secs

125g/4½oz de pois surgelés, bouillis

2 cuillères à café de graines de grenade séchées

2 cuillères à café de coriandre grossièrement moulue

1 cc de graines de fenouil

½ cuillère à café de poivre noir moulu

½ cuillère à café de piment en poudre

1 cuillère à café d'amchoor*

½ cuillère à café de sel gemme

Sel au goût

Méthode

- Pétrir l'arrow-root, les pommes de terre et 1 cuillère à soupe d'huile. Mettre de côté.

- Pour faire la garniture, mélanger le reste des ingrédients, sauf l'huile.

- Divisez la pâte de pommes de terre en galettes rondes. Déposer une cuillerée de farce au centre de chaque galette. Fermez-les comme une poche et aplatissez-les.

- Faites chauffer le reste d'huile dans une casserole. Faire frire les galettes à feu doux jusqu'à ce qu'elles soient dorées. Servir chaud.

Haricots germés Bhel

(Snack salé aux fèves germées)

Pour 4 personnes

Ingrédients

100g/3½oz de haricots mungo germés, bouillis

250g/9oz de kaala chana*, bouilli

3 grosses pommes de terre, bouillies et hachées

2 grosses tomates, hachées finement

1 oignon de taille moyenne, haché

Sel au goût

Pour la garniture :

2 cuillères à soupe de chutney à la menthe

2 cuillères à soupe de chutney de mangue chaud et sucré

4-5 cuillères à soupe de yaourt

100g/3½ oz de chips de pommes de terre, écrasées

10 g/¼oz de feuilles de coriandre, hachées

Méthode

- Mélanger tous les ingrédients ensemble, sauf les ingrédients de la garniture.
- Garnir dans l'ordre de la liste des ingrédients. Sers immédiatement.

Aloo Kachori

(Dumpling de pommes de terre frites)

Donne 15

Ingrédients

350g/12oz de farine complète

1 cuillère à soupe d'huile végétale raffinée et un peu plus pour la friture

1 cuillère à café de graines d'ajowan

Sel au goût

5 pommes de terre, bouillies et écrasées

2 cuillères à café de piment en poudre

1 cuillère à soupe de feuilles de coriandre hachées

Méthode

- Pétrir la farine, 1 cuillère à soupe d'huile, les graines d'ajowan et le sel ensemble. Répartissez en boules de la taille d'un citron vert. Aplatissez chacun entre vos paumes et mettez de côté.
- Mélanger les pommes de terre, la poudre de piment, les feuilles de coriandre et un peu de sel.
- Placer une portion de ce mélange au centre de chaque galette. Fermez en pinçant les bords ensemble.

- Faites chauffer l'huile dans une poêle. Faites frire les kachoris à feu moyen jusqu'à ce qu'ils soient dorés. Égoutter et servir chaud.

Régime alimentaire

(Crêpe diététique)

Donne 12

Ingrédients

300g/10oz mung dhal*, trempé dans 250 ml/8 fl oz d'eau pendant 3-4 heures

3-4 piments verts

2.5 cm/1in racine de gingembre

100g/3½oz de semoule

1 cuillère à soupe de crème sure

50 g de feuilles de coriandre hachées

6 feuilles de curry

Huile végétale raffinée pour le graissage

Sel au goût

Méthode

- Mélanger le dhal avec les piments verts et le gingembre. Broyer ensemble.
- Ajouter la semoule et la crème sure. Bien mélanger. Ajouter les feuilles de coriandre, les feuilles de curry et suffisamment d'eau pour faire une pâte épaisse.

- Beurrez une poêle plate et faites-la chauffer. Verser 2 cuillères à soupe de pâte dessus et étaler avec le dos d'une cuillère. Cuire 3 minutes à feu doux. Retournez et répétez.
- Répétez l'opération pour le reste de la pâte. Servir chaud.

Rouleau nutritif

Donne 8-10

Ingrédients

200g/7oz d'épinards, hachés finement

1 carotte, hachée finement

125g/4½oz de petits pois surgelés

50g/1¾oz de haricots mungo germés

3-4 grosses pommes de terre, bouillies et écrasées

2 gros oignons, hachés finement

½ cuillère à café de pâte de gingembre

½ cuillère à café de pâte d'ail

1 piment vert, haché finement

½ cuillère à café d'amchoor*

Sel au goût

½ cuillère à café de piment en poudre

3 cuillères à soupe de feuilles de coriandre finement hachées

Huile végétale raffinée pour la friture peu profonde

8-10 chapattis

2 cuillères à soupe de chutney de mangue chaud et sucré

Méthode

- Cuire à la vapeur les épinards, les carottes, les pois et les haricots mungo ensemble.
- Mélanger les légumes cuits à la vapeur avec les pommes de terre, les oignons, la pâte de gingembre, la pâte d'ail, le piment vert, l'amchoor, le sel, la poudre de piment et les feuilles de coriandre. Bien pétrir pour faire un mélange lisse.
- Façonner le mélange en petites escalopes.
- Chauffer l'huile dans une casserole. Faire frire les escalopes à feu moyen jusqu'à ce qu'elles soient dorées. Égoutter et réserver.
- Étalez un chutney de mangue chaud et sucré sur un chapatti. Placez une escalope au centre et roulez le chapatti.
- Répétez l'opération pour tous les chapattis. Servir chaud.

Sabudana Palak Doodhi Uttapam

(Crêpe au sagou, épinards et gourde)

Donne 20

Ingrédients

1 cuillère à café de toor dhal*

1 cuillère à café de mung dhal*

1 cuillère à café de haricots urad*

1 cuillère à café de masoor dhal*

3 cuillères à café de riz

100g/3½ oz de sagou grossièrement moulu

50 g d'épinards, cuits à la vapeur et moulus

gourde*, râpé

125g/4½oz besan*

½ cuillère à café de cumin moulu

1 cuillère à café de feuilles de menthe, hachées finement

1 piment vert, haché finement

½ cuillère à café de pâte de gingembre

Sel au goût

100 ml/3½ fl oz d'eau

Méthode

- Broyer ensemble le toor dhal, le mung dhal, les haricots urad, le masoor dhal et le riz. Mettre de côté.
- Faites tremper le sagou pendant 3 à 5 minutes. Égoutter complètement.
- Mélanger avec le mélange de dhal et de riz moulu.
- Ajouter les épinards, la gourde, le besan, le cumin moulu, les feuilles de menthe, le piment vert, la pâte de gingembre, le sel et suffisamment d'eau pour faire une pâte épaisse. Mettez de côté pendant 30 minutes.
- Beurrez une poêle et faites-la chauffer. Versez 1 cuillère à soupe de pâte dans le moule et étalez-la avec le dos d'une cuillère.
- Couvrir et cuire à feu moyen jusqu'à ce que le dessous soit brun clair. Retournez et répétez.
- Répétez l'opération pour le reste de la pâte. Servir chaud avec du ketchup aux tomates ou du chutney de noix de coco verte

Poha

Pour 4 personnes

Ingrédients

150g/5½oz poha*

1½ cuillère à soupe d'huile végétale raffinée

½ cuillère à café de graines de cumin

½ cuillère à café de graines de moutarde

1 grosse pomme de terre, hachée finement

2 gros oignons, tranchés finement

5-6 piments verts, hachés finement

8 feuilles de curry, grossièrement hachées

cc de curcuma

45 g de cacahuètes grillées (facultatif)

25g/peu de 1oz de noix de coco fraîche, râpée ou grattée

10 g/¼oz de feuilles de coriandre, finement hachées

1 cc de jus de citron

Sel au goût

Méthode

- Bien laver le poha. Égoutter complètement l'eau et mettre le poha de côté dans une passoire pendant 15 minutes.

- Détachez doucement les grumeaux de poha avec vos doigts. Mettre de côté.

- Chauffer l'huile dans une casserole. Ajouter le cumin et les graines de moutarde. Laissez-les crachoter pendant 15 secondes.

- Ajouter les pommes de terre hachées. Faire sauter à feu moyen pendant 2-3 minutes. Ajouter les oignons, les piments verts, les feuilles de curry et le curcuma. Cuire jusqu'à ce que les oignons soient translucides. Retirer du feu.

- Ajouter le poha, les cacahuètes grillées et la moitié des feuilles de noix de coco et de coriandre râpées. Remuer pour bien mélanger.

- Arrosez le jus de citron et le sel. Cuire à feu doux pendant 4-5 minutes.

- Garnir avec les feuilles de noix de coco et de coriandre restantes. Servir chaud.

Escalope de légumes

Donne 10-12

Ingrédients

2 oignons, hachés finement

5 gousses d'ail

cc de graines de fenouil

2-3 piments verts

10 g/¼oz de feuilles de coriandre, finement hachées

2 grosses carottes, hachées finement

1 grosse pomme de terre, hachée finement

1 petite betterave, hachée finement

50g/1¾oz de haricots verts, hachés finement

50g/1¾oz de pois verts

900 ml/1½ pintes d'eau

Sel au goût

cc de curcuma

2-3 cuillères à soupe de besan*

1 cuillère à soupe d'huile végétale raffinée et un peu plus pour la friture

50 g de chapelure

Méthode

- Broyer 1 oignon, l'ail, les graines de fenouil, les piments verts et les feuilles de coriandre en une pâte lisse. Mettre de côté.

- Mélanger les carottes, la pomme de terre, la betterave, les haricots verts et les petits pois dans une casserole. Ajouter 500 ml d'eau, le sel et le curcuma et cuire à feu moyen jusqu'à ce que les légumes soient tendres.

- Bien écraser les légumes et réserver.

- Mélanger le besan et le reste de l'eau ensemble pour former une pâte lisse. Mettre de côté.

- Faites chauffer 1 cuillère à soupe d'huile dans une casserole. Ajouter l'oignon restant et faire revenir jusqu'à ce qu'il soit translucide.

- Ajouter la pâte oignon-ail et faire revenir une minute à feu moyen en remuant continuellement.

- Ajouter la purée de légumes et bien mélanger.

- Retirer du feu et laisser refroidir.

- Divisez ce mélange en 10-12 boules. Aplatir entre vos paumes pour faire des galettes.

- Tremper les galettes dans la pâte et les rouler dans la chapelure.

- Faites chauffer l'huile dans une poêle. Faire frire les galettes jusqu'à ce qu'elles soient dorées des deux côtés.

- Servir chaud avec du ketchup.

Uppit de soja

(Snack de soja)

Pour 4 personnes

Ingrédients

1½ cuillère à soupe d'huile végétale raffinée

½ cuillère à café de graines de moutarde

2 piments verts, hachés finement

2 piments rouges, hachés finement

Pincée d'asafoetida

1 gros oignon, haché finement

2,5 cm de racine de gingembre, coupée en julienne

10 gousses d'ail, hachées finement

6 feuilles de curry

100g/3½oz de semoule de soja*, rôti à sec

100g/3½oz de semoule, rôtie à sec

200g/7oz de pois

500 ml d'eau chaude

cc de curcuma

1 cuillère à café de sucre

1 cuillère à café de sel

1 grosse tomate, hachée finement

2 cuillères à soupe de feuilles de coriandre, hachées finement

15 raisins secs

10 noix de cajou

Méthode

- Chauffer l'huile dans une casserole. Ajouter les graines de moutarde. Laissez-les crachoter pendant 15 secondes.
- Ajouter les piments verts, les piments rouges, l'asafoetida, l'oignon, le gingembre, l'ail et les feuilles de curry. Faire revenir à feu moyen pendant 3 à 4 minutes en remuant fréquemment.
- Ajouter la semoule de soja, la semoule et les petits pois. Cuire jusqu'à ce que les deux sortes de semoule deviennent dorées.
- Ajouter l'eau chaude, le curcuma, le sucre et le sel. Cuire à feu moyen jusqu'à ce que l'eau sèche.
- Garnir avec la tomate, les feuilles de coriandre, les raisins secs et les noix de cajou.
- Servir chaud.

Upma

(Plat de petit-déjeuner à la semoule)

Pour 4 personnes

Ingrédients

1 cuillère à soupe de ghee

150g/5½oz de semoule

1 cuillère à soupe d'huile végétale raffinée

cc de graines de moutarde

1 cuillère à café d'urad dhal*

3 piments verts, coupés dans le sens de la longueur

8-10 feuilles de curry

1 oignon de taille moyenne, haché finement

1 tomate de taille moyenne, hachée finement

750 ml/1¼ pintes d'eau

1 cuillère à café bombée de sucre

Sel au goût

50 g de pois en conserve (facultatif)

25 g/peu de feuilles de coriandre, hachées finement

Méthode

- Faites chauffer le ghee dans une poêle. Ajouter la semoule et faire frire en remuant fréquemment jusqu'à ce que la semoule devienne dorée. Mettre de côté.

- Chauffer l'huile dans une casserole. Ajouter les graines de moutarde, l'urad dhal, les piments verts et les feuilles de curry. Faites frire jusqu'à ce que l'urad dhal devienne brun.

- Ajouter l'oignon et faire revenir à feu doux jusqu'à ce qu'il soit translucide. Ajouter la tomate et faire revenir encore 3-4 minutes.

- Ajouter l'eau et bien mélanger. Cuire à feu moyen jusqu'à ce que le mélange commence à bouillir. Bien mélanger.

- Ajouter le sucre, le sel, la semoule et les petits pois. Bien mélanger.

- Cuire à feu doux en remuant continuellement pendant 2-3 minutes.

- Décorez avec les feuilles de coriandre. Servir chaud.

Vermicelle Upma

(Vermicelles à l'oignon)

Pour 4 personnes

Ingrédients

3 cuillères à soupe d'huile végétale raffinée

1 cuillère à café de mung dhal*

1 cuillère à café d'urad dhal*

cc de graines de moutarde

8 feuilles de curry

10 cacahuètes

10 noix de cajou

1 pomme de terre moyenne, hachée finement

1 grosse carotte, hachée finement

2 piments verts, hachés finement

1 cm/½ de racine de gingembre, haché finement

1 gros oignon, haché finement

1 tomate, hachée finement

50g/1¾oz de petits pois surgelés

Sel au goût

1 litre/1¾ pintes d'eau

200g/7oz de vermicelles

2 cuillères à soupe de ghee

Méthode

- Chauffer l'huile dans une casserole. Ajouter le mung dhal, l'urad dhal, les graines de moutarde et les feuilles de curry. Laissez-les crachoter pendant 30 secondes.

- Ajouter les cacahuètes et les noix de cajou. Faire frire à feu moyen jusqu'à coloration dorée.

- Ajouter la pomme de terre et la carotte. Frire pendant 4-5 minutes.

- Ajouter les piments, le gingembre, l'oignon, la tomate, les pois et le sel. Cuire à feu moyen en remuant fréquemment jusqu'à ce que les légumes soient tendres.

- Ajouter l'eau et porter à ébullition. Bien mélanger.

- Ajouter les vermicelles en remuant continuellement pour éviter la formation de grumeaux.

- Couvrir avec un couvercle et cuire à feu doux pendant 5 à 6 minutes.

- Ajouter le ghee et bien mélanger. Servir chaud.

Bonda

(Côtelette de pomme de terre)

Donne 10

Ingrédients

5 cuillères à soupe d'huile végétale raffinée et un supplément pour la friture

½ cuillère à café de graines de moutarde

2,5 mm/1 po de racine de gingembre, finement hachée

2 piments verts, hachés finement

50 g de feuilles de coriandre finement hachées

1 gros oignon, haché finement

4 pommes de terre moyennes, bouillies et écrasées

1 grosse carotte, hachée finement et bouillie

125g/4½oz de pois en conserve

Pincée de curcuma

Sel au goût

1 cc de jus de citron

250g/9oz de besan*

200 ml d'eau

½ cuillère à café de levure chimique

Méthode

- Faites chauffer 4 cuillères à soupe d'huile dans une casserole. Ajouter les graines de moutarde, le gingembre, les piments verts, les feuilles de coriandre et l'oignon. Faire revenir à feu moyen en remuant de temps en temps jusqu'à ce que l'oignon brunisse.
- Ajouter les pommes de terre, la carotte, les petits pois, le curcuma et le sel. Cuire à feu doux pendant 5 à 6 minutes en remuant de temps en temps.
- Arrosez de jus de citron et divisez le mélange en 10 boules. Mettre de côté.
- Mélanger le besan, l'eau et la levure avec 1 cuillère à soupe d'huile pour faire la pâte.
- Chauffer l'huile dans une casserole. Tremper chaque boule de pomme de terre dans la pâte et faire frire à feu moyen jusqu'à ce qu'elle soit dorée.
- Servir chaud.

Dhokla instantané

(Gâteau salé instantané cuit à la vapeur)

Donne 15-20

Ingrédients

250g/9oz de besan*

1 cuillère à café de sel

2 cuillères à soupe de sucre

2 cuillères à soupe d'huile végétale raffinée

½ cuillère à soupe de jus de citron

240 ml/8 fl oz d'eau

1 cuillère à soupe de levure chimique

1 cc de graines de moutarde

2 piments verts, coupés dans le sens de la longueur

Quelques feuilles de curry

1 cuillère à soupe d'eau

2 cuillères à soupe de feuilles de coriandre, hachées finement

1 cuillère à soupe de noix de coco fraîche, râpée

Méthode

- Mélanger le besan, le sel, le sucre, 1 cuillère à soupe d'huile, le jus de citron et l'eau pour obtenir une pâte lisse.

- Beurrer un moule à cake rond de 20 cm.

- Ajouter la levure chimique à la pâte. Bien mélanger et verser aussitôt dans le moule beurré. Cuire à la vapeur pendant 20 minutes.

- Percez avec une fourchette pour vérifier si c'est fait. Si la fourchette ne ressort pas propre, repasser à la vapeur pendant 5 à 10 minutes. Mettre de côté.

- Faites chauffer le reste d'huile dans une casserole. Ajouter les graines de moutarde. Laissez-les crachoter pendant 15 secondes.

- Ajouter les piments verts, les feuilles de curry et l'eau. Cuire à feu doux pendant 2 minutes.

- Versez ce mélange sur le dhokla et laissez-le s'imprégner du liquide.

- Garnir de feuilles de coriandre et de noix de coco râpée.

- Couper en carrés et servir avec un chutney à la menthe

Dhal Maharani

(Lentilles noires et haricots rouges)

Pour 4 personnes

Ingrédients

150g/5½oz urad dhal*

2 cuillères à soupe de haricots rouges

1,4 litre/2½ pintes d'eau

Sel au goût

1 cuillère à soupe d'huile végétale raffinée

½ cuillère à café de graines de cumin

1 gros oignon, haché finement

3 tomates moyennes, hachées

1 cuillère à café de pâte de gingembre

½ cuillère à café de pâte d'ail

½ cuillère à café de piment en poudre

½ cuillère à café de garam masala

120 ml de crème liquide fraîche

Méthode

- Faire tremper l'urad dhal et les haricots rouges ensemble pendant la nuit. Égoutter et cuire ensemble dans une casserole avec l'eau et le sel pendant 1 heure à feu moyen. Mettre de côté.
- Chauffer l'huile dans une casserole. Ajouter les graines de cumin. Laissez-les crachoter pendant 15 secondes.
- Ajouter l'oignon et faire revenir à feu moyen jusqu'à ce qu'il soit doré.
- Ajouter les tomates. Bien mélanger. Ajouter la pâte de gingembre et la pâte d'ail. Faire frire 5 minutes.
- Ajouter le mélange de dhal et de haricots cuits, la poudre de piment et le garam masala. Bien mélanger.
- Ajouter la crème. Laisser mijoter 5 minutes en remuant fréquemment.
- Servir chaud avec du naan ou du riz vapeur

Milagu Kuzhambu

(Fractionner le gramme rouge dans une sauce au poivre)

Pour 4 personnes

Ingrédients

2 cuillères à café de ghee

2 cuillères à café de graines de coriandre

1 cuillère à soupe de pâte de tamarin

1 cuillère à café de poivre noir moulu

¼ cuillère à café d'asafoetida

Sel au goût

1 cuillère à soupe de toor dhal*, cuit

1 litre/1¾ pintes d'eau

cc de graines de moutarde

1 piment vert, haché

cc de curcuma

10 feuilles de curry

Méthode

- Faites chauffer quelques gouttes de ghee dans une casserole. Ajouter les graines de coriandre et faire revenir à feu moyen pendant 2 minutes. Refroidir et broyer.

- Mélanger avec la pâte de tamarin, le poivre, l'asafoetida, le sel et le dhal dans une grande casserole.

- Ajouter l'eau. Bien mélanger et porter à ébullition à feu moyen. Mettre de côté.

- Faites chauffer le reste du ghee dans une casserole. Ajouter les graines de moutarde, le piment vert, le curcuma et les feuilles de curry. Laissez-les crachoter pendant 15 secondes.

- Ajoutez ceci au dhal. Servir chaud.

Dhal Hariyali

(Légumes-feuilles avec Split Bengal Gram)

Pour 4 personnes

Ingrédients

300g/10oz toor dhal*

1,4 litre/2½ pintes d'eau

Sel au goût

2 cuillères à soupe de ghee

1 cuillère à café de graines de cumin

1 oignon, haché finement

½ cuillère à café de pâte de gingembre

½ cuillère à café de pâte d'ail

½ cuillère à café de curcuma

50g/1oz d'épinards, hachés

10 g/¼oz de feuilles de fenugrec, hachées finement

25g/peu de feuilles de coriandre 1oz

Méthode

- Cuire le dhal avec l'eau et le sel dans une casserole pendant 45 minutes en remuant fréquemment. Mettre de côté.

- Faites chauffer le ghee dans une casserole. Ajouter les graines de cumin, l'oignon, la pâte de gingembre, la pâte d'ail et le curcuma. Faire revenir 2 minutes à feu doux sans cesser de remuer.

- Ajouter les épinards, les feuilles de fenugrec et les feuilles de coriandre. Bien mélanger et laisser mijoter 5-7 minutes.

- Servir chaud avec du riz vapeur

Dhalcha

(Split Bengal Gram avec Agneau)

Pour 4 personnes

Ingrédients

150g/5½oz de chana dhal*

150g/5½oz toor dhal*

2,8 litres/5 pintes d'eau

Sel au goût

2 cuillères à soupe de pâte de tamarin

2 cuillères à soupe d'huile végétale raffinée

4 gros oignons, hachés

5 cm/2 po de racine de gingembre, râpé

10 gousses d'ail, pilées

750g/1lb 10oz d'agneau, haché

1,4 litre/2½ pintes d'eau

3-4 tomates, hachées

1 cuillère à café de piment en poudre

1 cuillère à café de curcuma

1 cuillère à café de garam massala

20 feuilles de curry

25 g/peu de feuilles de coriandre, hachées finement

Méthode

- Cuire les dhals avec l'eau et le sel pendant 1 heure à feu moyen. Ajouter la pâte de tamarin et bien écraser. Mettre de côté.

- Chauffer l'huile dans une casserole. Ajouter les oignons, le gingembre et l'ail. Faire frire à feu moyen jusqu'à coloration. Ajouter l'agneau et remuer constamment jusqu'à ce qu'il soit brun.

- Ajouter de l'eau et laisser mijoter jusqu'à ce que l'agneau soit tendre.

- Ajouter les tomates, la poudre de piment, le curcuma et le sel. Bien mélanger. Cuire encore 7 minutes.

- Ajouter le dhal, le garam masala et les feuilles de curry. Bien mélanger. Laisser mijoter 4-5 minutes.

- Décorez avec les feuilles de coriandre. Servir chaud.

Tarkari Dhalcha

(Fente de Bengal Gramme avec Légumes)

Pour 4 personnes

Ingrédients

150g/5½oz de chana dhal*

150g/5½oz toor dhal*

Sel au goût

3 litres/5¼ pintes d'eau

10g/¼oz de feuilles de menthe

10g/¼oz de feuilles de coriandre

2 cuillères à soupe d'huile végétale raffinée

½ cuillère à café de graines de moutarde

½ cuillère à café de graines de cumin

Pincée de graines de fenugrec

Pincée de graines de kalonji*

2 piments rouges secs

10 feuilles de curry

½ cuillère à café de pâte de gingembre

½ cuillère à café de pâte d'ail

½ cuillère à café de curcuma

1 cuillère à café de piment en poudre

1 cuillère à café de pâte de tamarin

500g/1lb 2oz de citrouille, finement coupée en dés

Méthode

- Cuire les deux dhals avec le sel, 2,5 litres/4 pintes d'eau et la moitié de la menthe et de la coriandre dans une casserole à feu moyen pendant 1 heure. Broyer en une pâte épaisse. Mettre de côté.
- Chauffer l'huile dans une casserole. Ajouter la moutarde, le cumin, le fenugrec et les graines de kalonji. Laissez-les crachoter pendant 15 secondes.
- Ajouter les piments rouges et les feuilles de curry. Faire revenir à feu moyen pendant 15 secondes.
- Ajouter la pâte de dhal, la pâte de gingembre, la pâte d'ail, le curcuma, la poudre de piment et la pâte de tamarin. Bien mélanger. Cuire à feu moyen en remuant fréquemment pendant 10 minutes.
- Ajouter le reste d'eau et le potiron. Laisser mijoter jusqu'à ce que le potiron soit cuit.
- Ajouter les feuilles de menthe et de coriandre restantes. Cuire 3-4 minutes.
- Servir chaud.

Dhokar Dhalna

(Cubes de dhal frits au curry)

Pour 4 personnes

Ingrédients

600g/1lb 5oz chana dhal*, trempé toute la nuit

120 ml d'eau

Sel au goût

4 cuillères à soupe d'huile végétale raffinée et un peu plus pour la friture

3 piments verts, hachés

½ cuillère à café d'asafoetida

2 gros oignons, hachés finement

1 feuille de laurier

1 cuillère à café de pâte de gingembre

1 cuillère à café de pâte d'ail

1 cuillère à café de piment en poudre

cc de curcuma

1 cuillère à café de garam massala

1 cuillère à soupe de feuilles de coriandre, hachées finement

Méthode

- Broyer le dhal avec l'eau et un peu de sel en une pâte épaisse. Mettre de côté.
- Faites chauffer 1 cuillère à soupe d'huile dans une casserole. Ajouter les piments verts et l'asafoetida. Laissez-les crachoter pendant 15 secondes. Incorporer la pâte de dhal et un peu plus de sel. Bien mélanger.
- Étaler ce mélange sur une plaque pour qu'il refroidisse. Couper en morceaux de 2,5 cm/1 po.
- Faites chauffer l'huile de friture dans une casserole. Faites frire les morceaux jusqu'à ce qu'ils soient dorés. Mettre de côté.
- Faites chauffer 2 cuillères à soupe d'huile dans une casserole. Faire revenir les oignons jusqu'à coloration. Broyez-les en une pâte et mettez de côté.
- Faites chauffer 1 cuillère à soupe d'huile restante dans une casserole. Ajouter la feuille de laurier, les morceaux de dhal frits, la pâte d'oignon frit, la pâte de gingembre, la pâte d'ail, la poudre de piment, le curcuma et le garam masala. Ajouter suffisamment d'eau pour couvrir les morceaux de dhal. Bien mélanger et laisser mijoter 7 à 8 minutes.
- Décorez avec les feuilles de coriandre. Servir chaud.

Varan

(Simple Split Red Gram Dhal)

Pour 4 personnes

Ingrédients

300g/10oz toor dhal*

2,4 litres/4 pintes d'eau

¼ cuillère à café d'asafoetida

½ cuillère à café de curcuma

Sel au goût

Méthode

- Cuire tous les ingrédients dans une casserole pendant environ 1 heure à feu moyen.
- Servir chaud avec du riz vapeur

Doux Dhal

(Sweet Split Red Gram)

Pour 4-6 personnes

Ingrédients

300g/10oz toor dhal*

2,5 litres/4 pintes d'eau

Sel au goût

cc de curcuma

Une grosse pincée d'asafoetida

½ cuillère à café de piment en poudre

Morceau de jaggery de 5 cm/2 pouces*

2 cuillères à café d'huile végétale raffinée

cc de graines de cumin

cc de graines de moutarde

2 piments rouges secs

1 cuillère à soupe de feuilles de coriandre, hachées finement

Méthode

- Laver et cuire le toor dhal avec l'eau et le sel dans une casserole à feu doux pendant 1 heure.

- Ajouter le curcuma, l'asafoetida, la poudre de piment et le jaggery. Cuire 5 minutes. Bien mélanger. Mettre de côté.

- Dans une petite casserole, chauffer l'huile. Ajouter les graines de cumin, les graines de moutarde et les piments rouges secs. Laissez-les crachoter pendant 15 secondes.

- Versez ceci dans le dhal et mélangez bien.

- Décorez avec les feuilles de coriandre. Servir chaud.

Dhal aigre-doux

(Sweet and Sour Split Red Gram)

Pour 4-6 personnes

Ingrédients

300g/10oz toor dhal*

2,4 litres/4 pintes d'eau

Sel au goût

cc de curcuma

¼ cuillère à café d'asafoetida

1 cuillère à café de pâte de tamarin

1 cuillère à café de sucre

2 cuillères à café d'huile végétale raffinée

½ cuillère à café de graines de moutarde

2 piments verts

8 feuilles de curry

1 cuillère à soupe de feuilles de coriandre, hachées finement

Méthode

- Cuire le toor dhal dans une casserole avec l'eau et le sel à feu moyen pendant 1 heure.
- Ajouter le curcuma, l'asafoetida, la pâte de tamarin et le sucre. Cuire 5 minutes. Mettre de côté.
- Dans une petite casserole, chauffer l'huile. Ajouter les graines de moutarde, les piments verts et les feuilles de curry. Laissez-les crachoter pendant 15 secondes.
- Versez cet assaisonnement dans le dhal.
- Décorez avec les feuilles de coriandre.
- Servir chaud avec du riz vapeur ou des chapattis

Mung-ni-Dhal

(Fractionner le gramme vert)

Pour 4 personnes

Ingrédients

300g/10oz mung dhal*

1,9 litres/3½ pintes d'eau

Sel au goût

cc de curcuma

½ cuillère à café de pâte de gingembre

1 piment vert, haché finement

cc de sucre

1 cuillère à soupe de ghee

½ cuillère à café de graines de sésame

1 petit oignon, haché

1 gousse d'ail, hachée

Méthode

- Faire bouillir le mung dhal avec l'eau et le sel dans une casserole à feu moyen pendant 30 minutes.
- Ajouter le curcuma, la pâte de gingembre, le piment vert et le sucre. Bien mélanger.
- Ajoutez 120 ml d'eau si le dhal est sec. Laisser mijoter 2-3 minutes et réserver.
- Faites chauffer le ghee dans une petite casserole. Ajouter les graines de sésame, l'oignon et l'ail. Faites-les frire pendant 1 minute en remuant continuellement.
- Ajoutez ceci au dhal. Servir chaud.

Dhal à l'oignon et à la noix de coco

(Red Gramme coupé avec oignon et noix de coco)

Pour 4-6 personnes

Ingrédients

300g/10oz toor dhal*

2,8 litres/5 pintes d'eau

2 piments verts, hachés

1 petit oignon, haché

Sel au goût

cc de curcuma

1½ cuillère à café d'huile végétale

½ cuillère à café de graines de moutarde

1 cuillère à soupe de feuilles de coriandre, hachées finement

50 g de noix de coco fraîche, râpée

Méthode

- Faire bouillir le toor dhal avec l'eau, les piments verts, l'oignon, le sel et le curcuma dans une casserole à feu moyen pendant 1 heure. Mettre de côté.

- Chauffer l'huile dans une casserole. Ajouter les graines de moutarde. Laissez-les crachoter pendant 15 secondes.

- Versez ceci dans le dhal et mélangez bien.

- Garnir de feuilles de coriandre et de noix de coco. Servir chaud.

Dahi Kadhi

(Curry à base de yaourt)

Pour 4 personnes

Ingrédients

1 cuillère à soupe de besan*

Yaourt 250g/9oz

750 ml/1¼ pintes d'eau

2 cuillères à café de sucre

Sel au goût

½ cuillère à café de pâte de gingembre

1 cuillère à soupe d'huile végétale raffinée

cc de graines de moutarde

cc de graines de cumin

cc de graines de fenugrec

8 feuilles de curry

10 g/¼oz de feuilles de coriandre, finement hachées

Méthode

- Mélanger le besan avec le yaourt, l'eau, le sucre, le sel et la pâte de gingembre dans une grande casserole. Bien mélanger pour éviter la formation de grumeaux.

- Cuire le mélange à feu moyen jusqu'à ce qu'il commence à épaissir, en remuant fréquemment. Porter à ébullition. Mettre de côté.

- Chauffer l'huile dans une casserole. Ajouter les graines de moutarde, les graines de cumin, les graines de fenugrec et les feuilles de curry. Laissez-les crachoter pendant 15 secondes.

- Versez cette huile sur le mélange de besan.

- Décorez avec les feuilles de coriandre. Servir chaud.

Dhal aux épinards

(Épinards avec Split Green Gram)

Pour 4 personnes

Ingrédients

300g/10oz mung dhal*

1,9 litres/3½ pintes d'eau

Sel au goût

1 gros oignon, haché

6 gousses d'ail, hachées

cc de curcuma

100g/3½oz d'épinards, hachés

½ cuillère à café d'amchoor*

Pincée de garam masala

½ cuillère à café de pâte de gingembre

1 cuillère à soupe d'huile végétale raffinée

1 cuillère à café de graines de cumin

2 cuillères à soupe de feuilles de coriandre, hachées finement

Méthode

- Cuire le dhal avec l'eau et le sel dans une casserole à feu moyen pendant 30-40 minutes.
- Ajoutez l'oignon et l'ail. Cuire 7 minutes.
- Ajouter le curcuma, les épinards, l'amchoor, le garam masala et la pâte de gingembre. Bien mélanger.
- Laisser mijoter jusqu'à ce que le dhal soit tendre et que toutes les épices aient été absorbées. Mettre de côté.
- Chauffer l'huile dans une casserole. Ajouter les graines de cumin. Laissez-les crachoter pendant 15 secondes.
- Versez-le sur le dhal.
- Décorez avec les feuilles de coriandre. Servir chaud

Tawker Dhal

(Lentilles rouges fendues aigre avec mangue non mûre)

Pour 4 personnes

Ingrédients

300g/10oz toor dhal<u>*</u>

2,4 litres/4 pintes d'eau

1 mangue non mûre, dénoyautée et coupée en quartiers

½ cuillère à café de curcuma

4 piments verts

Sel au goût

2 cuillères à café d'huile de moutarde

½ cuillère à café de graines de moutarde

1 cuillère à soupe de feuilles de coriandre, hachées finement

Méthode

- Faites bouillir le dhal avec l'eau, les morceaux de mangue, le curcuma, les piments verts et le sel pendant une heure. Mettre de côté.
- Faites chauffer l'huile dans une casserole et ajoutez les graines de moutarde. Laissez-les crachoter pendant 15 secondes.
- Ajoutez ceci au dhal. Laisser mijoter jusqu'à épaississement.
- Décorez avec les feuilles de coriandre. Servir chaud avec du riz vapeur

Dhal de base

(Split Red Gram avec Tomate)

Pour 4 personnes

Ingrédients

300g/10oz toor dhal*

1,2 litre/2 pintes d'eau

Sel au goût

cc de curcuma

½ cuillère à soupe d'huile végétale raffinée

cc de graines de cumin

2 piments verts, coupés dans le sens de la longueur

1 tomate de taille moyenne, hachée finement

1 cuillère à soupe de feuilles de coriandre, hachées finement

Méthode

- Cuire le toor dhal avec l'eau et le sel dans une casserole pendant 1 heure à feu moyen.

- Ajouter le curcuma et bien mélanger.

- Si le dhal est trop épais, ajoutez-y 120 ml d'eau. Mélangez bien et mettez de côté.

- Chauffer l'huile dans une casserole. Ajoutez les graines de cumin et laissez-les éclabousser pendant 15 secondes. Ajouter les piments verts et la tomate. Frire pendant 2 minutes.

- Ajoutez ceci au dhal. Mélanger et laisser mijoter pendant 3 minutes.

- Décorez avec les feuilles de coriandre. Servir chaud avec du riz vapeur

Maa-ki-Dhal

(Riche Black Gram)

Pour 4 personnes

Ingrédients

240g de dhal de kaali*

125g/4½oz de haricots rouges

2,8 litres/5 pintes d'eau

Sel au goût

3,5 cm/1½ po de gingembre racine, coupé en julienne

1 cuillère à café de piment en poudre

3 tomates, en purée

1 cuillère à soupe de beurre

2 cuillères à café d'huile végétale raffinée

1 cuillère à café de graines de cumin

2 cuillères à soupe de crème liquide

Méthode

- Faire tremper le dhal et les haricots rouges ensemble pendant la nuit.

- Cuire avec l'eau, le sel et le gingembre dans une casserole pendant 40 minutes à feu moyen.

- Ajouter la poudre de piment, la purée de tomates et le beurre. Laisser mijoter 8-10 minutes. Mettre de côté.

- Chauffer l'huile dans une casserole. Ajouter les graines de cumin. Laissez-les crachoter pendant 15 secondes.

- Ajoutez ceci au dhal. Bien mélanger.

- Ajouter la crème. Servir chaud avec du riz vapeur

Dhansak

(Spicy Parsi Split Red Gram)

Pour 4 personnes

Ingrédients

3 cuillères à soupe d'huile végétale raffinée

1 gros oignon, haché finement

2 grosses tomates, hachées

½ cuillère à café de curcuma

½ cuillère à café de piment en poudre

1 cuillère à soupe de dhansak masala*

1 cuillère à soupe de vinaigre de malt

Sel au goût

Pour le mélange de dhal :

150g/5½oz toor dhal*

75g/2½oz mung dhal*

75g/2½oz masoor dhal*

1 petite aubergine coupée en quatre

Morceau de citrouille de 7,5 cm/3 po, coupé en quatre

1 cuillère à soupe de feuilles de fenugrec frais

1,4 litre/2½ pintes d'eau

Sel au goût

Méthode

- Cuire les ingrédients du mélange de dhal ensemble dans une casserole à feu moyen pendant 45 minutes. Mettre de côté.

- Chauffer l'huile dans une casserole. Faire revenir les oignons et les tomates à feu moyen pendant 2-3 minutes.

- Ajouter le mélange de dhal et tous les ingrédients restants. Bien mélanger et cuire à feu moyen pendant 5-7 minutes. Servir chaud.

Masoor Dhal

Pour 4 personnes

Ingrédients

300g/10oz masoor dhal*

Sel au goût

Pincée de curcuma

1,2 litre/2 pintes d'eau

2 cuillères à soupe d'huile végétale raffinée

6 gousses d'ail, écrasées

1 cc de jus de citron

Méthode

- Cuire le dhal, le sel, le curcuma et l'eau dans une casserole à feu moyen pendant 45 minutes. Mettre de côté.
- Faites chauffer l'huile dans une poêle et faites revenir l'ail jusqu'à ce qu'il soit brun. Ajouter au dhal et arroser de jus de citron. Bien mélanger. Servir chaud.

Panchemel Dhal

(Mélange Cinq Lentilles)

Pour 4 personnes

Ingrédients

75g/2½oz mung dhal*

1 cuillère à soupe de chana dhal*

1 cuillère à soupe de masoor dhal*

1 cuillère à soupe de toor dhal*

1 cuillère à soupe d'urad dhal*

750 ml/1¼ pintes d'eau

½ cuillère à café de curcuma

Sel au goût

1 cuillère à soupe de ghee

1 cuillère à café de graines de cumin

Pincée d'asafoetida

½ cuillère à café de garam masala

1 cuillère à café de pâte de gingembre

Méthode

- Cuire les dhals avec l'eau, le curcuma et le sel dans une casserole pendant 1 heure à feu moyen. Bien mélanger. Mettre de côté.

- Faites chauffer le ghee dans une casserole. Faites frire les ingrédients restants pendant 1 minute.

- Ajoutez ceci au dhal, mélangez bien et laissez mijoter pendant 3-4 minutes. Servir chaud.

Cholar Dhal

(Split Bengal Gram)

Pour 4 personnes

Ingrédients

600g/1lb 5oz chana dhal*

2,4 litres/5 pintes d'eau

Sel au goût

3 cuillères à soupe de ghee

½ cuillère à café de graines de cumin

½ cuillère à café de curcuma

2 cuillères à café de sucre

3 clous de girofle

2 feuilles de laurier

2,5 cm/1 po de cannelle

2 gousses de cardamome verte

15 g/½ oz de noix de coco, hachée et frite

Méthode

- Cuire le dhal avec l'eau et le sel dans une casserole à feu moyen pendant 1 heure. Mettre de côté.

- Faites chauffer 2 cuillères à soupe de ghee dans une casserole. Ajouter tous les ingrédients, sauf la noix de coco. Laissez-les crachoter pendant 20 secondes. Ajouter le dhal cuit et cuire en remuant bien pendant 5 minutes. Ajouter la noix de coco et 1 cuillère à soupe de ghee. Servir chaud.

Dilpasand Dhal

(Spécial Lentilles)

Pour 4 personnes

Ingrédients

60g/2oz de haricots urad*

2 cuillères à soupe de haricots rouges

2 cuillères à soupe de pois chiches

2 litres/3½ pintes d'eau

cc de curcuma

2 cuillères à soupe de ghee

2 tomates, blanchies et réduites en purée

2 cuillères à café de cumin moulu, rôti à sec

125g/4½oz de yaourt, fouetté

120ml/4fl oz de crème liquide

Sel au goût

Méthode

- Mélanger les haricots, les pois chiches et l'eau. Faire tremper dans une casserole pendant 4 heures. Ajouter le curcuma et cuire 45 minutes à feu moyen. Mettre de côté.

- Faites chauffer le ghee dans une casserole. Ajouter tous les ingrédients restants et cuire à feu moyen jusqu'à ce que le ghee se sépare.

- Ajouter le mélange de haricots et pois chiches. Laisser mijoter jusqu'à ce que sec. Servir chaud.

Dhal Masoor

(Fente de lentilles rouges)

Pour 4 personnes

Ingrédients

1 cuillère à soupe de ghee

1 cuillère à café de graines de cumin

1 petit oignon, haché finement

2,5 cm de racine de gingembre, finement hachée

6 gousses d'ail, hachées finement

4 piments verts, coupés dans le sens de la longueur

1 tomate, pelée et réduite en purée

½ cuillère à café de curcuma

300g/10oz masoor dhal*

1,5 litre/2¾ pintes d'eau

Sel au goût

2 cuillères à soupe de feuilles de coriandre

Méthode

- Faites chauffer le ghee dans une casserole. Ajouter les graines de cumin, l'oignon, le gingembre, l'ail, les piments, la tomate et le curcuma. Faire revenir 5 minutes en remuant fréquemment.

- Ajouter le dhal, l'eau et le sel. Laisser mijoter 45 minutes. Décorez avec les feuilles de coriandre. Servir chaud avec du riz vapeur

Dhal aux aubergines

(Lentilles à l'Aubergine)

Pour 4 personnes

Ingrédients

300g/10oz toor dhal*

1,5 litre/2¾ pintes d'eau

Sel au goût

1 cuillère à soupe d'huile végétale raffinée

50 g d'aubergines coupées en dés

2,5 cm/1 po de cannelle

2 gousses de cardamome verte

2 clous de girofle

1 gros oignon, haché finement

2 grosses tomates, hachées finement

½ cuillère à café de pâte de gingembre

½ cuillère à café de pâte d'ail

1 cc de coriandre moulue

½ cuillère à café de curcuma

10 g/¼oz de feuilles de coriandre, pour garnir

Méthode

- Faire bouillir le dhal avec l'eau et le sel dans une casserole pendant 45 minutes à feu moyen. Mettre de côté.
- Chauffer l'huile dans une casserole. Ajouter tous les ingrédients restants, sauf les feuilles de coriandre. Faire frire 2-3 minutes en remuant constamment.
- Ajouter le mélange au dhal. Laisser mijoter 5 minutes. Garnir et servir.

Dhal Tadka jaune

Pour 4 personnes

Ingrédients

300g/10oz mung dhal*

1 litre/1¾ pintes d'eau

cc de curcuma

Sel au goût

3 cuillères à café de ghee

½ cuillère à café de graines de moutarde

½ cuillère à café de graines de cumin

½ cuillère à café de graines de fenugrec

2,5 cm de racine de gingembre, finement hachée

4 gousses d'ail, hachées finement

3 piments verts, coupés dans le sens de la longueur

8 feuilles de curry

Méthode

- Cuire le dhal avec l'eau, le curcuma et le sel dans une casserole pendant 45 minutes à feu moyen. Mettre de côté.

- Faites chauffer le ghee dans une casserole. Ajouter tous les ingrédients restants. Faites-les frire pendant 1 minute et versez sur le dhal. Bien mélanger et servir chaud.

Rasam

(Soupe épicée à base de tamarin)

Pour 4 personnes

Ingrédients

2 cuillères à soupe de pâte de tamarin

750 ml/1¼ pintes d'eau

8-10 feuilles de curry

2 cuillères à soupe de feuilles de coriandre hachées

Pincée d'asafoetida

Sel au goût

2 cuillères à café de ghee

½ cuillère à café de graines de moutarde

Pour le mélange d'épices :

2 cuillères à café de graines de coriandre

2 cuillères à soupe de toor dhal*

1 cuillère à café de graines de cumin

4-5 grains de poivre

1 piment rouge séché

Méthode

- Rôtir à sec et broyer les ingrédients du mélange d'épices ensemble.

- Mélanger le mélange d'épices avec tous les ingrédients, sauf le ghee et les graines de moutarde. Cuire 7 minutes à feu moyen dans une casserole.

- Faites chauffer le ghee dans une autre casserole. Ajoutez les graines de moutarde et laissez-les éclabousser pendant 15 secondes. Versez ceci directement dans le rasam. Servir chaud.

Mung Dhal simple

Pour 4 personnes

Ingrédients

300g/10oz mung dhal*

1 litre/1¾ pintes d'eau

Pincée de curcuma

Sel au goût

2 cuillères à soupe d'huile végétale raffinée

1 gros oignon, haché finement

3 piments verts, hachés finement

2,5 cm de racine de gingembre, finement hachée

5 feuilles de curry

2 tomates, hachées finement

Méthode

- Cuire le dhal avec l'eau, le curcuma et le sel dans une casserole pendant 30 minutes à feu moyen. Mettre de côté.
- Chauffer l'huile dans une casserole. Ajouter tous les ingrédients restants. Frire pendant 3-4 minutes. Ajoutez ceci au dhal. Laisser mijoter jusqu'à épaississement. Servir chaud.

Mung vert entier

Pour 4 personnes

Ingrédients

250g/9oz de haricots mungo, trempés pendant la nuit

1 litre/1¾ pintes d'eau

½ cuillère à soupe d'huile végétale raffinée

½ cuillère à café de graines de cumin

6 feuilles de curry

1 gros oignon, haché finement

½ cuillère à café de pâte d'ail

½ cuillère à café de pâte de gingembre

3 piments verts, hachés finement

1 tomate, hachée finement

cc de curcuma

Sel au goût

120 ml de lait

Méthode

- Cuire les haricots avec l'eau dans une casserole pendant 45 minutes à feu moyen. Mettre de côté.
- Chauffer l'huile dans une casserole. Ajouter les graines de cumin et les feuilles de curry.
- Après 15 secondes, ajoutez les haricots cuits et tous les ingrédients restants. Bien mélanger et laisser mijoter 7 à 8 minutes. Servir chaud.

Dahi Kadhi avec Pakoras

(Curry à base de yaourt avec boulettes frites)

Pour 4 personnes

Ingrédients
Pour le pakora :

125g/4½oz besan<u>*</u>

cc de graines de cumin

2 cuillères à café d'oignons hachés

1 piment vert haché

½ cuillère à café de gingembre râpé

Pincée de curcuma

2 piments verts, hachés finement

½ cuillère à café de graines d'ajowan

Sel au goût

Huile pour friture

Pour le kadhi :

Dahi Kadhi

Méthode

- Dans un bol, mélanger tous les ingrédients du pakora, à l'exception de l'huile, avec suffisamment d'eau pour former une pâte épaisse. Faire frire des cuillerées dans l'huile chaude jusqu'à ce qu'elles soient dorées.

- Faites cuire le kadhi et ajoutez-y les pakoras. Laisser mijoter 3-4 minutes.

- Servir chaud avec du riz vapeur

Dhal sucré à la mangue non mûre

(Fractionner le gramme rouge avec de la mangue non mûre)

Pour 4 personnes

Ingrédients

300g/10oz toor dhal*

2 piments verts, coupés dans le sens de la longueur

2 cuillères à café de jaggery*, râpé

1 petit oignon, tranché

Sel au goût

cc de curcuma

1,5 litre/2¾ pintes d'eau

1 mangue non mûre, pelée et hachée

1½ cuillère à café d'huile végétale raffinée

½ cuillère à café de graines de moutarde

1 cuillère à soupe de feuilles de coriandre, pour la garniture

Méthode

- Mélanger tous les ingrédients, sauf l'huile, les graines de moutarde et les feuilles de coriandre, dans une casserole. Cuire 30 minutes à feu moyen. Mettre de côté.

- Chauffer l'huile dans une casserole. Ajouter les graines de moutarde. Laissez-les crachoter pendant 15 secondes. Versez-le sur le dhal. Garnir et servir chaud.

Malai Dhal

(Split Black Gram avec de la crème)

Pour 4 personnes

Ingrédients

300g/10oz urad dhal*, trempé pendant 4 heures

1 litre/1¾ pintes d'eau

500 ml/16 fl oz de lait bouilli

1 cuillère à café de curcuma

Sel au goût

½ cuillère à café d'amchoor*

2 cuillères à soupe de crème liquide

1 cuillère à soupe de ghee

1 cuillère à café de graines de cumin

2,5 cm de racine de gingembre, finement hachée

1 petite tomate, hachée finement

1 petit oignon, haché finement

Méthode

- Cuire le dhal avec l'eau à feu moyen pendant 45 minutes.

- Ajouter le lait, le curcuma, le sel, l'amchoor et la crème. Bien mélanger et cuire 3-4 minutes. Mettre de côté.

- Faites chauffer le ghee dans une casserole. Ajouter les graines de cumin, le gingembre, la tomate et l'oignon. Frire pendant 3 minutes. Ajoutez ceci au dhal. Bien mélanger et servir chaud.

Sambhar

(Mélange de Lentilles et Légumes cuits avec des épices spéciales)

Pour 4 personnes

Ingrédients

300g/10oz toor dhal*

1,5 litre/2¾ pintes d'eau

Sel au goût

1 cuillère à soupe d'huile végétale raffinée

1 gros oignon, tranché finement

2 cuillères à café de pâte de tamarin

cc de curcuma

1 piment vert, haché grossièrement

1½ cuillère à café de poudre de sambhar*

2 cuillères à soupe de feuilles de coriandre, hachées finement

Pour l'assaisonnement :

1 piment vert, fendu dans le sens de la longueur

1 cc de graines de moutarde

½ cuillère à café d'urad dhal*

8 feuilles de curry

¼ cuillère à café d'asafoetida

Méthode

- Mélanger tous les ingrédients de l'assaisonnement ensemble. Mettre de côté.

- Cuire le toor dhal avec l'eau et le sel dans une casserole à feu moyen pendant 40 minutes. Bien écraser. Mettre de côté.

- Chauffer l'huile dans une casserole. Ajouter les ingrédients d'assaisonnement. Laissez-les crachoter pendant 20 secondes.

- Ajouter le dhal cuit et tous les ingrédients restants, sauf les feuilles de coriandre. Cuire à feu doux pendant 8 à 10 minutes.

- Décorez avec les feuilles de coriandre. Servir chaud.

Trois dhals

(Mélange de Lentilles)

Pour 4 personnes

Ingrédients

150g/5½oz toor dhal*

75g/2½oz masoor dhal*

75g/2½oz mung dhal*

1 litre/1¾ pintes d'eau

1 grosse tomate, hachée finement

1 petit oignon, haché finement

4 gousses d'ail, hachées finement

6 feuilles de curry

Sel au goût

cc de curcuma

2 cuillères à soupe d'huile végétale raffinée

½ cuillère à café de graines de cumin

Méthode

- Faire tremper les dhals dans l'eau pendant 30 minutes. Cuire avec le reste des ingrédients, sauf l'huile et le cumin, pendant 45 minutes à feu moyen.

- Chauffer l'huile dans une casserole. Ajouter les graines de cumin. Laissez-les crachoter pendant 15 secondes. Versez-le sur le dhal. Bien mélanger. Servir chaud.

Methi-Drumstick Sambhar

(Fenugrec et pilons avec Split Red Gram)

Pour 4 personnes

Ingrédients

300g/10oz toor dhal*

1 litre/1¾ pintes d'eau

Pincée de curcuma

Sel au goût

2 pilons indiens*, haché

1 cuillère à café d'huile végétale raffinée

cc de graines de moutarde

1 piment rouge, coupé en deux

¼ cuillère à café d'asafoetida

10 g/¼oz de feuilles de fenugrec fraîches, hachées

1¼ cuillère à café de poudre de sambhar*

1¼ cuillère à café de pâte de tamarin

Méthode

- Mélanger le dhal, l'eau, le curcuma, le sel et les pilons dans une casserole. Cuire 45 minutes à feu moyen. Mettre de côté.

- Faire chauffer l'huile dans une poêle. Ajouter tous les ingrédients restants et faire sauter pendant 2-3 minutes. Ajoutez ceci au dhal et laissez mijoter pendant 7-8 minutes. Servir chaud.

Dhal Shorba

(Soupe aux lentilles)

Pour 4 personnes

Ingrédients

300g/10oz toor dhal*

Sel au goût

1 litre/1¾ pintes d'eau

1 cuillère à soupe d'huile végétale raffinée

2 gros oignons, tranchés

4 gousses d'ail, écrasées

50 g de feuilles d'épinards, finement hachées

3 tomates, hachées finement

1 cc de jus de citron

1 cuillère à café de garam masala

Méthode

- Cuire le dhal, le sel et l'eau dans une casserole à feu moyen pendant 45 minutes. Mettre de côté.

- Chauffer l'huile. Faire revenir les oignons à feu moyen jusqu'à ce qu'ils brunissent. Ajouter tous les ingrédients restants et cuire 5 minutes en remuant fréquemment.

- Ajoutez ceci au mélange de dhal. Servir chaud.

Mung délicieux

(Mung entier)

Pour 4 personnes

Ingrédients

250g/9oz de haricots mungo

2,5 litres/4 pintes d'eau

Sel au goût

2 oignons de taille moyenne, hachés

3 piments verts, hachés

cc de curcuma

1 cuillère à café de piment en poudre

1 cc de jus de citron

1 cuillère à soupe d'huile végétale raffinée

½ cuillère à café de graines de cumin

6 gousses d'ail, écrasées

Méthode

- Faire tremper les haricots mungo dans l'eau pendant 3-4 heures. Cuire dans une casserole avec le sel, les oignons, les piments verts, le curcuma et la poudre de piment à feu moyen pendant 1 heure.
- Ajouter le jus de citron. Laisser mijoter 10 minutes. Mettre de côté.

•Chauffer l'huile dans une casserole. Ajouter les graines de cumin et l'ail. Faire revenir 1 minute à feu moyen. Versez ceci dans le mélange de mungo. Servir chaud.

Masala Toor Dhal

(Gram rouge fendu épicé)

Pour 4 personnes

Ingrédients

300g/10oz toor dhal*

1,5 litre/2¾ pintes d'eau

Sel au goût

½ cuillère à café de curcuma

1 cuillère à soupe d'huile végétale raffinée

½ cuillère à café de graines de moutarde

8 feuilles de curry

¼ cuillère à café d'asafoetida

½ cuillère à café de pâte de gingembre

½ cuillère à café de pâte d'ail

1 piment vert, haché finement

1 oignon, haché finement

1 tomate, hachée finement

2 cuillères à café de jus de citron

2 cuillères à soupe de feuilles de coriandre, pour décorer

Méthode

- Cuire le dhal avec l'eau, le sel et le curcuma dans une casserole pendant 45 minutes à feu moyen. Mettre de côté.

- Chauffer l'huile dans une casserole. Ajouter tous les ingrédients, sauf le jus de citron et les feuilles de coriandre. Faire revenir 3-4 minutes à feu moyen. Versez-le sur le dhal.

- Ajouter le jus de citron et les feuilles de coriandre. Bien mélanger. Servir chaud.

Mung Dhal jaune sec

(gramme jaune sec)

Pour 4 personnes

Ingrédients

300g/10oz mung dhal*, trempé pendant 1 heure

250 ml/8 fl oz d'eau

cc de curcuma

Sel au goût

1 cuillère à soupe de ghee

1 cuillère à café d'amchoor*

1 cuillère à soupe de feuilles de coriandre hachées

1 petit oignon, haché finement

Méthode

- Cuire le dhal avec l'eau, le curcuma et le sel dans une casserole pendant 45 minutes à feu moyen.
- Faites chauffer le ghee et versez-le sur le dhal. Saupoudrer l'amchoor, les feuilles de coriandre et l'oignon sur le dessus. Servir chaud.

Urad entier

(Gram noir entier)

Pour 4 personnes

Ingrédients

300g/10oz de haricots urad*, lavé

Sel au goût

1,25 litre/2½ pintes d'eau

cc de curcuma

½ cuillère à café de piment en poudre

½ cuillère à café de gingembre séché en poudre

cc de garam masala

1 cuillère à soupe de ghee

½ cuillère à café de graines de cumin

1 gros oignon, haché finement

2 cuillères à soupe de feuilles de coriandre, hachées finement

Méthode

- Cuire les haricots urad avec le sel et l'eau dans une casserole pendant 45 minutes à feu moyen.

- Ajouter le curcuma, la poudre de piment, la poudre de gingembre et le garam masala. Bien mélanger et laisser mijoter 5 minutes. Mettre de côté.

- Faites chauffer le ghee dans une casserole. Ajoutez les graines de cumin et laissez-les éclabousser pendant 15 secondes. Ajouter l'oignon et le faire revenir à feu moyen jusqu'à ce qu'il brunisse.

- Ajouter le mélange d'oignons au dhal et bien mélanger. Laisser mijoter 10 minutes.

- Décorez avec les feuilles de coriandre. Servir chaud.

Dhal Fry

(Gram rouge fendu avec des épices frites)

Pour 4 personnes

Ingrédients

300g/10oz toor dhal*

1,5 litre/2¾ pintes d'eau

½ cuillère à café de curcuma

Sel au goût

2 cuillères à soupe de ghee

½ cuillère à café de graines de moutarde

½ cuillère à café de graines de cumin

½ cuillère à café de graines de fenugrec

2,5 cm de racine de gingembre, finement hachée

2-3 gousses d'ail, hachées finement

2 piments verts, hachés finement

1 petit oignon, haché finement

1 tomate, hachée finement

Méthode

- Cuire le dhal avec l'eau, le curcuma et le sel dans une casserole pendant 45 minutes à feu moyen. Bien mélanger. Mettre de côté.

- Faites chauffer le ghee dans une casserole. Ajouter les graines de moutarde, les graines de cumin et les graines de fenugrec. Laissez-les crachoter pendant 15 secondes.

- Ajouter le gingembre, l'ail, les piments verts, l'oignon et la tomate. Faire revenir à feu moyen pendant 3 à 4 minutes en remuant fréquemment. Ajoutez ceci au dhal. Servir chaud.

Aubergines farcies

Pour 4 personnes

Ingrédients

10 petites aubergines

1 gros oignon, haché finement

3 cuillères à soupe de noix de coco fraîche, râpée

1 cuillère à café de cumin moulu

1 cuillère à café de piment en poudre

50 g de feuilles de coriandre hachées

Jus de 1 citron

Sel au goût

3 cuillères à soupe d'huile végétale raffinée

Méthode

- Faites une croix avec un couteau à une extrémité de chaque aubergine et incisez, sans couper l'autre extrémité. Mettre de côté.

- Mélanger le reste des ingrédients, sauf l'huile. Farcir ce mélange dans les aubergines fendues.

- Faites chauffer l'huile dans une poêle. Ajouter les aubergines et les faire revenir à feu moyen pendant 3-4 minutes. Couvrir et cuire 10 minutes en retournant délicatement les aubergines de temps en temps. Servir chaud.

Sarson ka Saag

(Verts de moutarde en sauce)

Pour 4 personnes

Ingrédients

3 cuillères à soupe d'huile végétale raffinée

100g/3½oz de feuilles de moutarde, hachées

200g/7oz d'épinards, hachés finement

3 piments verts, coupés dans le sens de la longueur

1 cm/½ po de racine de gingembre, coupée en julienne

2 gousses d'ail, écrasées

Sel au goût

250 ml/8 fl oz d'eau

2 cuillères à soupe de ghee

Boule de beurre

Méthode

- Chauffer l'huile dans une casserole. Ajouter les feuilles de moutarde, les épinards et les piments verts. Faites-les revenir à feu moyen pendant une minute.

- Ajouter le gingembre, l'ail, le sel et l'eau. Bien mélanger. Laisser mijoter 10 minutes.

- Passer le mélange au mélangeur jusqu'à consistance lisse.

- Transférer dans une casserole et cuire à feu moyen pendant 15 minutes.

- Garnir avec le beurre. Servir chaud.

Soufflé aux carrottes

(Paneer en sauce riche)

Pour 4 personnes

Ingrédients

4 cuillères à soupe d'huile végétale raffinée

500g/1lb 2oz paneer*, haché

2 gros oignons, réduits en pâte

1 cuillère à café de pâte de gingembre

1 cuillère à café de pâte d'ail

1 cuillère à café de piment en poudre

300g/10oz de purée de tomates

200g/7oz de yaourt, fouetté

250 ml/8 fl oz de crème liquide

Sel au goût

Méthode

- Faites chauffer 1 cuillère à soupe d'huile dans une casserole. Ajoutez les morceaux de paneer. Faites-les frire à feu moyen jusqu'à ce qu'elles soient dorées. Égoutter et réserver.

- Ajouter le reste d'huile dans la même poêle. Ajouter les oignons, la pâte de gingembre et la pâte d'ail. Frire pendant une minute. Ajouter le paneer et le reste des ingrédients. Cuire 5 minutes en remuant de temps en temps. Servir chaud.

Pomme De Terre Tandoori

Pour 4 personnes

Ingrédients

16 grosses pommes de terre, pelées

Huile végétale raffinée pour friture

3 cuillères à soupe de tomates hachées finement

1 cuillère à soupe de feuilles de coriandre hachées

1 cuillère à café de garam massala

100g/3½oz de cheddar, râpé

Sel au goût

Jus de 2 citrons

Méthode

- Évider les pommes de terre. Réserver la chair et les parties évidées.

- Faites chauffer l'huile dans une poêle. Ajouter les pommes de terre évidées. Faites-les frire à feu moyen jusqu'à ce qu'elles soient dorées. Mettre de côté.

- Dans la même huile, ajouter les pommes de terre vidées et tous les ingrédients restants, à l'exception du jus de citron. Faire revenir à feu doux pendant 5 minutes.

- Farcir ce mélange à l'intérieur des pommes de terre creuses.

- Cuire les pommes de terre farcies au four à 200°C (400°F, gaz 6) pendant 5 minutes.

- Saupoudrer le jus de citron sur les pommes de terre. Servir chaud.

Curry de maïs

Pour 4 personnes

Ingrédients

1 grosse pomme de terre, bouillie et écrasée

500g/1lb 2oz de purée de tomates

3 cuillères à soupe d'huile végétale raffinée

8 feuilles de curry

2 cuillères à soupe de besan*

1 cuillère à café de pâte de gingembre

½ cuillère à café de curcuma

Sel au goût

1 cuillère à café de garam massala

1 cuillère à café de piment en poudre

3 cuillères à café de sucre

250 ml/8 fl oz d'eau

4 épis de maïs, coupés en 3 morceaux chacun et bouillis

Méthode

- Bien mélanger la purée de pommes de terre avec la purée de tomates. Mettre de côté.

- Chauffer l'huile dans une casserole. Ajouter les feuilles de curry. Laissez-les crépiter pendant 10 secondes. Ajouter le besan et la pâte de gingembre. Faire frire à feu doux jusqu'à coloration.

- Ajouter le mélange pomme de terre-tomate et tous les ingrédients restants sauf le maïs. Laisser mijoter 3-4 minutes.

- Ajouter les morceaux de maïs. Bien mélanger. Laisser mijoter 8-10 minutes. Servir chaud.

Poivre Vert Masala

Pour 4 personnes

Ingrédients

1½ cuillère à soupe d'huile végétale raffinée

1 cuillère à café de garam massala

cc de curcuma

½ cuillère à café de pâte de gingembre

½ cuillère à café de pâte d'ail

1 gros oignon, haché finement

1 tomate, hachée finement

4 gros poivrons verts, coupés en julienne

Yaourt 125g/4½oz

Sel au goût

Méthode

- Chauffer l'huile dans une casserole. Ajouter le garam masala, le curcuma, la pâte de gingembre et la pâte d'ail. Faites revenir ce mélange à feu moyen pendant 2 minutes.

- Ajouter l'oignon. Faites frire jusqu'à ce qu'il soit translucide.

- Ajouter la tomate et les poivrons verts. Faire frire 2-3 minutes. Ajouter le yaourt et le sel. Bien mélanger. Cuire 6-7 minutes. Servir chaud.

Gourde sans huile

Pour 4 personnes

Ingrédients

Gourde bouteille 500g/1lb 2oz*, pelé et haché

2 tomates, hachées finement

1 gros oignon, haché finement

1 cuillère à café de pâte de gingembre

1 cuillère à café de pâte d'ail

2 piments verts, hachés finement

½ cuillère à café de coriandre moulue

½ cuillère à café de cumin moulu

25 g/peu de feuilles de coriandre, hachées finement

120 ml d'eau

Sel au goût

Méthode

- mélangez tous les ingrédients ensemble. Cuire dans une casserole à feu doux pendant 20 minutes. Servir chaud.

Gombo au yaourt

Pour 4 personnes

Ingrédients

3 cuillères à soupe d'huile végétale raffinée

½ cuillère à café de graines de cumin

500g/1lb 2oz de gombo, haché

½ cuillère à café de piment en poudre

cc de curcuma

2 piments verts, coupés dans le sens de la longueur

1 cuillère à café de gingembre, coupé en julienne

200g/7oz de yaourt

1 cuillère à café de besan*, dissous dans 1 cuillère à soupe d'eau

Sel au goût

1 cuillère à soupe de feuilles de coriandre, hachées finement

Méthode

- Chauffer l'huile dans une casserole. Ajouter les graines de cumin. Laissez-les crachoter pendant 15 secondes.

- Ajouter le gombo, la poudre de piment, le curcuma, les piments verts et le gingembre.

- Cuire à feu doux pendant 20 minutes en remuant de temps en temps.

- Ajouter le yaourt, le mélange de besan et le sel. Cuire 5 minutes.

- Garnir le gombo avec les feuilles de coriandre. Servir chaud.

Karela sauté

(courge amère sautée)

Pour 4 personnes

Ingrédients

4 courges amères de taille moyenne[*]

Sel au goût

1½ cuillère à soupe d'huile végétale raffinée

½ cuillère à café de graines de moutarde

½ cuillère à café de curcuma

½ cuillère à café de pâte de gingembre

½ cuillère à café de pâte d'ail

2 gros oignons, hachés finement

½ cuillère à café de piment en poudre

¾ cuillère à café de jaggery[*], râpé

Méthode

- Épluchez les courges amères et coupez-les en deux dans le sens de la longueur. Jeter les graines et trancher finement chaque moitié. Ajouter le sel et laisser reposer 20 minutes. Essorez l'eau. Mettez de côté à nouveau.

- Chauffer l'huile dans une casserole. Ajouter les graines de moutarde. Laissez-les crachoter pendant 15 secondes.

- Ajoutez le reste des ingrédients et faites-les frire à feu moyen pendant 2-3 minutes. Ajouter la courge amère. Bien mélanger. Cuire 5 minutes à feu doux. Servir chaud.

Chou aux petits pois

Pour 4 personnes

Ingrédients

1 cuillère à soupe d'huile végétale raffinée

1 cc de graines de moutarde

2 piments verts, coupés dans le sens de la longueur

cc de curcuma

400 g/14 oz de chou, finement râpé

125g/4½oz de petits pois frais

Sel au goût

2 cuillères à soupe de noix de coco râpée

Méthode

- Chauffer l'huile dans une casserole. Ajouter les graines de moutarde et les piments verts. Laissez-les crachoter pendant 15 secondes.
- Ajouter le reste des ingrédients, sauf la noix de coco. Cuire à feu doux pendant 10 minutes.
- Ajouter la noix de coco. Bien mélanger. Servir chaud.

Pommes de terre à la sauce tomate

Pour 4 personnes

Ingrédients

2 cuillères à soupe d'huile végétale raffinée

1 cuillère à café de graines de cumin

Pincée d'asafoetida

½ cuillère à café de curcuma

4 grosses pommes de terre, bouillies et coupées en dés

4 tomates, hachées finement

1 cuillère à café de piment en poudre

Sel au goût

1 cuillère à soupe de feuilles de coriandre hachées

Méthode

- Chauffer l'huile dans une casserole. Ajouter les graines de cumin, l'asafoetida et le curcuma. Laissez-les crachoter pendant 15 secondes.
- Ajouter le reste des ingrédients, sauf les feuilles de coriandre. Bien mélanger. Cuire à feu doux pendant 10 minutes. Décorez avec les feuilles de coriandre. Servir chaud.

Matar Palak

(Pois et épinards)

Pour 4 personnes

Ingrédients

400g/14oz d'épinards, cuits à la vapeur et hachés

2 piments verts

4-5 cuillères à soupe d'huile végétale raffinée

1 cuillère à café de graines de cumin

1 pincée d'asafoetida

1 cuillère à café de curcuma

1 gros oignon, haché finement

1 tomate, hachée finement

1 grosse pomme de terre, coupée en dés

Sel au goût

200g/7oz de pois verts

Méthode

- Broyer ensemble les épinards et les piments en une pâte fine. Mettre de côté.

- Chauffer l'huile dans une casserole. Ajouter les graines de cumin, l'asafoetida et le curcuma. Laissez-les crachoter pendant 15 secondes.

- Ajouter l'oignon. Faire revenir à feu moyen jusqu'à ce qu'il devienne translucide.

- Ajouter les ingrédients restants. Bien mélanger. Cuire à feu doux pendant 7 à 8 minutes en remuant de temps en temps.

- Ajouter la pâte d'épinards. Laisser mijoter 5 minutes. Servir chaud.

Chou Masala

(Chou épicé)

Pour 4 personnes

Ingrédients

3 cuillères à soupe d'huile végétale raffinée

1 cuillère à café de graines de cumin

cc de curcuma

1 cuillère à café de pâte d'ail

1 cuillère à café de pâte de gingembre

1 gros oignon, haché finement

1 tomate, hachée finement

½ cuillère à café de piment en poudre

Sel au goût

400g/14oz de chou, haché finement

Méthode

- Chauffer l'huile dans une casserole. Ajouter les graines de cumin et le curcuma. Laissez-les crachoter pendant 15 secondes. Ajouter la pâte d'ail, la pâte de gingembre et l'oignon. Faites frire à feu moyen pendant 2-3 minutes.

- Ajouter la tomate, la poudre de piment, le sel et le chou. Bien mélanger. Couvrir avec un couvercle et cuire à feu doux pendant 10-15 minutes. Servir chaud.

Curry d'aubergines

Pour 4 personnes

Ingrédients

4 piments verts

2.5 cm/1in racine de gingembre

50 g de feuilles de coriandre hachées

3 cuillères à soupe d'huile végétale raffinée

1 cuillère à café de mung dhal*

1 cuillère à café d'urad dhal*

1 cuillère à café de graines de cumin

½ cuillère à café de graines de moutarde

500g/1lb 2oz de petites aubergines, coupées en morceaux de 5cm/2in

½ cuillère à café de curcuma

1 cuillère à café de pâte de tamarin

Sel au goût

250 ml/8 fl oz d'eau

Méthode

- Broyer ensemble les piments verts, le gingembre et les feuilles de coriandre. Mettre de côté.

- Chauffer l'huile dans une casserole. Ajouter le mung dhal, l'urad dhal, les graines de cumin et les graines de moutarde. Laissez-les crachoter pendant 20 secondes.

- Ajouter le reste des ingrédients et la pâte de piment-gingembre. Bien mélanger. Couvrir avec un couvercle et laisser mijoter 10 minutes en remuant de temps en temps. Servir chaud.

Simla Mirch ka Bharta

(Poivrons épicés)

Pour 4 personnes

Ingrédients

3 poivrons verts de taille moyenne

3 poivrons rouges de taille moyenne

3 cuillères à soupe d'huile végétale raffinée

2 gros oignons, hachés finement

6 gousses d'ail, hachées finement

2,5 cm de racine de gingembre, finement hachée

½ cuillère à café de piment en poudre

cc de curcuma

2 tomates, hachées

1 cuillère à café de sel

1 cuillère à soupe de feuilles de coriandre hachées

Méthode

- Faire griller les poivrons verts et rouges pendant 5 à 6 minutes. Retourner fréquemment pour s'assurer qu'ils sont uniformément grillés.

- Pelez la peau carbonisée, retirez les tiges et les graines et coupez les poivrons en petits morceaux. Mettre de côté.

- Chauffer l'huile dans une casserole. Ajouter les oignons, l'ail et le gingembre. Faites-les revenir à feu moyen jusqu'à ce que les oignons soient dorés.

- Ajouter la poudre de piment, le curcuma, les tomates et le sel. Faire revenir le mélange pendant 4-5 minutes.

- Ajouter les poivrons. Bien mélanger. Couvrir avec un couvercle et cuire à feu doux pendant 30 minutes.

- Garnir les légumes avec les feuilles de coriandre. Servir chaud.

Curry de gourde rapide

Pour 4 personnes

Ingrédients

1 gourde de taille moyenne*, épluché et haché

1 gros oignon, haché finement

60g/2oz de tomates, hachées finement

4-5 gousses d'ail, hachées

1 cuillère à soupe de ketchup

1 cuillère à soupe de feuilles de fenugrec séchées

½ cuillère à café de curcuma

cuillère à café de poivre noir fraîchement moulu

2 cuillères à soupe de lait

Sel au goût

1 cuillère à soupe de feuilles de coriandre hachées

Méthode

- Cuire tous les ingrédients, sauf les feuilles de coriandre, dans une casserole à feu moyen pendant 20 minutes, en remuant de temps en temps. Couvrir avec un couvercle.
- Remuez soigneusement le mélange. Décorez avec les feuilles de coriandre. Servir chaud.

Curry Kaala Chana

(Curry de pois chiches noirs)

Pour 4 personnes

Ingrédients

250g/9oz de kaala chana*, trempé toute la nuit

Pincée de bicarbonate de soude

Sel au goût

1 litre/1¾ pintes d'eau

1 petit oignon

2.5 cm/1in racine de gingembre

1 cuillère à soupe de ghee

1 tomate, coupée en dés

½ cuillère à café de curcuma

½ cuillère à café de piment en poudre

8-10 feuilles de curry

1 cuillère à soupe de pâte de tamarin

Méthode

- Mélanger le chana avec le bicarbonate de soude, le sel et la moitié de l'eau. Cuire dans une casserole à feu moyen pendant 45 minutes. Écraser et réserver.

- Broyer l'oignon et le gingembre en une pâte.

- Faites chauffer le ghee dans une casserole. Ajouter la pâte oignon-gingembre et faire revenir jusqu'à ce qu'elle brunisse.

- Ajouter le mélange de chana et le reste des ingrédients. Bien mélanger. Laisser mijoter 8 à 10 minutes en remuant de temps en temps. Servir chaud.

Kalina

(Mélange de Légumes au Lait)

Pour 4 personnes

Ingrédients

750 ml/1¼ pinte de lait

2 bananes non mûres, pelées et hachées

Gourde bouteille 250g/9oz*, haché

100g/3½oz de chou, râpé

2 tomates, hachées

1 gros poivron vert, haché

1 cuillère à café de pâte de tamarin

1 cc de coriandre moulue

1 cuillère à café de cumin moulu

2 cuillères à café de piment en poudre

2 cuillères à café de jaggery*, râpé

100 g de feuilles de coriandre finement hachées

2 cuillères à soupe de khoya*

Sel au goût

1 cuillère à soupe de feuilles de coriandre, hachées finement

Méthode

- Faites chauffer le lait dans une casserole à feu moyen jusqu'à ce qu'il commence à bouillir. Ajouter la banane et la gourde. Bien mélanger. Cuire 5 minutes.

- Ajouter le reste des ingrédients, sauf les feuilles de coriandre. Bien mélanger. Laisser mijoter 8 à 10 minutes en remuant fréquemment.

- Garnir le kalina avec les feuilles de coriandre. Servir chaud.

Chou-fleur Tandoori

Pour 4 personnes

Ingrédients

1½ cuillère à café de piment en poudre

1½ cuillère à café de garam masala

Jus de 2 citrons

100g/3½oz de yaourt

Sel noir au goût

1 kg de fleurettes de chou-fleur

Méthode

- Mélanger tous les ingrédients, sauf le chou-fleur. Faites ensuite mariner le chou-fleur avec ce mélange pendant 4 heures.
- Cuire au four préchauffé à 200°C (400°F, gaz 6) pendant 5 à 7 minutes. Servir chaud.

Kaala Chana épicé

Pour 4 personnes

Ingrédients

500g/1lb 2oz de kaala chana*, trempé toute la nuit

500 ml/16 fl oz d'eau

Sel au goût

3 cuillères à soupe d'huile végétale raffinée

Pincée d'asafoetida

½ cuillère à café de graines de moutarde

1 cuillère à café de graines de cumin

2 clous de girofle

1 cm/½ po de cannelle

cc de curcuma

1 cc de coriandre moulue

1 cuillère à café de cumin moulu

½ cuillère à café de garam masala

1 cuillère à café de pâte de tamarin

1 cuillère à soupe de feuilles de coriandre hachées

Méthode

- Cuire le chana avec l'eau et le sel dans une casserole à feu moyen pendant 20 minutes. Mettre de côté.

- Chauffer l'huile dans une casserole. Ajouter l'asafoetida et les graines de moutarde. Laissez-les crachoter pendant 15 secondes. Ajouter le chana cuit et le reste des ingrédients, à l'exception des feuilles de coriandre. Laisser mijoter 10-15 minutes.

- Garnir le kaala chana épicé de feuilles de coriandre. Servir chaud.

Tur Dhal Kofta

(Dumpling Red Gram)

Pour 4 personnes

Ingrédients

600g/1lb 5oz masoor dhal_*_, trempé toute la nuit

3 piments verts, hachés finement

3 cuillères à soupe de feuilles de coriandre hachées

60 g de noix de coco râpée

3 cuillères à soupe de graines de cumin

Pincée d'asafoetida

Sel au goût

Huile végétale raffinée pour la friture

Méthode

- Laver et broyer grossièrement le dhal. Bien pétrir avec le reste des ingrédients, à l'exception de l'huile, jusqu'à obtenir une pâte molle. Répartissez en boules de la taille d'une noix.
- Chauffer l'huile dans une casserole. Ajoutez les boules et faites-les frire à feu doux jusqu'à ce qu'elles soient dorées. Égoutter les koftas et servir chaud.

Chou-fleur Shahi

(Chou-fleur riche)

Pour 4 personnes

Ingrédients

8 gousses d'ail

2.5 cm/1in racine de gingembre

½ cuillère à café de curcuma

2 gros oignons, râpés

4 cuillères à café de graines de pavot

2 cuillères à soupe de ghee

200g/7oz de yaourt, fouetté

5 tomates, hachées finement

200g/7oz de pois en conserve

1 cuillère à café de sucre

2 cuillères à soupe de crème fraîche fraîche

Sel au goût

250 ml/8 fl oz d'eau

500g/1lb 2oz de fleurons de chou-fleur, frits

8 petites pommes de terre frites

Méthode

- Broyer ensemble l'ail, le gingembre, le curcuma, les oignons et les graines de pavot en une pâte fine. Mettre de côté.

- Faites chauffer 1 cuillère à soupe de ghee dans une casserole. Ajouter la pâte de pavot. Faire sauter pendant 5 minutes. Ajouter le reste des ingrédients, sauf le chou-fleur et les pommes de terre. Cuire à feu doux pendant 4 minutes.

- Ajouter le chou-fleur et les pommes de terre. Laisser mijoter 15 minutes et servir chaud.

Gombo Gojju

(compote de gombo)

Pour 4 personnes

Ingrédients

500g/1lb 2oz de gombo, tranché

Sel au goût

2 cuillères à soupe d'huile végétale raffinée et un peu plus pour la friture

1 cc de graines de moutarde

Pincée d'asafoetida

200g/7oz de yaourt

250 ml/8 fl oz d'eau

Méthode

- Mélanger le gombo avec du sel. Faites chauffer l'huile dans une casserole et faites frire le gombo à feu moyen jusqu'à ce qu'il soit doré. Mettre de côté.
- Faites chauffer 2 cuillères à soupe d'huile. Ajouter la moutarde et l'asafoetida. Laissez-les crachoter pendant 15 secondes. Ajouter le gombo, le yaourt et l'eau. Bien mélanger. Servir chaud.

Yam en sauce verte

Pour 4 personnes

Ingrédients

300g/10oz d'igname*, émincé

1 cuillère à café de piment en poudre

1 cuillère à café d'amchoor*

½ cuillère à café de poivre noir moulu

Sel au goût

Huile végétale raffinée pour la friture

Pour la sauce:

400g/14oz d'épinards, hachés

gourde bouteille 100g/3½oz*, râpé

Pincée de bicarbonate de soude

3 piments verts

2 cuillères à café de farine complète

Sel au goût

3 cuillères à soupe d'huile végétale raffinée

1 cm/½ po de racine de gingembre, coupée en julienne

1 petit oignon, haché finement

Pincée de cannelle moulue

Pincée de clous de girofle moulus

Méthode

- Mélanger les tranches d'igname avec la poudre de piment, l'amchoor, le poivre et le sel.

- Chauffer l'huile dans une casserole. Ajouter les tranches d'igname. Faites-les frire à feu moyen jusqu'à ce qu'ils soient dorés. Égoutter et réserver.

- Pour la sauce, mélanger les épinards, la gourde et le bicarbonate de soude. Vapeur (voir techniques de cuisson) le mélange dans un cuiseur vapeur à feu moyen pendant 10 minutes.

- Broyer ce mélange avec les piments verts, la farine et le sel en une pâte semi-lisse. Mettre de côté.

- Chauffer l'huile dans une casserole. Ajouter le gingembre et l'oignon. Faire revenir à feu moyen jusqu'à ce que l'oignon soit brun. Ajouter la cannelle moulue, les clous de girofle moulus et le mélange d'épinards. Bien mélanger. Cuire à feu moyen pendant 8 à 10 minutes en remuant de temps en temps.

- Ajoutez l'igname à cette sauce verte. Bien mélanger. Couvrir avec un couvercle et laisser mijoter 4 à 5 minutes. Servir chaud.

Simla Mirch ki Sabzi

(Poivron vert sec)

Pour 4 personnes

Ingrédients

2 cuillères à soupe d'huile végétale raffinée

2 gros oignons, hachés finement

¾ cc de pâte de gingembre

cc de pâte d'ail

1 cc de coriandre moulue

cc de curcuma

½ cuillère à café de garam masala

½ cuillère à café de piment en poudre

2 tomates, hachées finement

Sel au goût

4 gros poivrons verts, hachés

1 cuillère à soupe de feuilles de coriandre, hachées finement

Méthode

- Chauffer l'huile dans une casserole. Ajouter les oignons, la pâte de gingembre et la pâte d'ail. Faire revenir à feu moyen jusqu'à ce que les oignons soient dorés.

- Ajouter tous les ingrédients restants, sauf les feuilles de coriandre. Bien mélanger. Faites revenir le mélange à feu doux pendant 10 à 15 minutes.

- Décorez avec les feuilles de coriandre. Servir chaud.

Curry de chou-fleur

Pour 4 personnes

Ingrédients

3 cuillères à soupe d'huile végétale raffinée

1 cuillère à café de graines de cumin

cc de curcuma

1 cuillère à café de pâte de gingembre

1 cc de coriandre moulue

1 cuillère à café de piment en poudre

200g/7oz de purée de tomates

1 cuillère à café de sucre en poudre

Sel au goût

400 g de fleurettes de chou-fleur

120 ml d'eau

Méthode

- Chauffer l'huile dans une casserole. Ajouter les graines de cumin. Laissez-les crachoter pendant 15 secondes.
- Ajouter le reste des ingrédients, sauf l'eau. Bien mélanger. Ajouter l'eau. Couvrir avec un couvercle et laisser mijoter pendant 12-15 minutes. Servir chaud

Haaq

(Curry d'épinards)

Pour 4 personnes

Ingrédients

1 cm/½ de racine de gingembre, coupé en julienne

1 cuillère à café de graines de fenouil, écrasées

2 cuillères à soupe d'huile végétale raffinée

2 piments rouges séchés

¼ cuillère à café d'asafoetida

1 piment vert, fendu dans le sens de la longueur

Sel au goût

400g/14oz d'épinards, finement hachés

500 ml/16 fl oz d'eau

Méthode

- Rôtissage à sec (voir <u>techniques de cuisson</u>) les graines de gingembre et de fenouil. Mettre de côté.

- Chauffer l'huile dans une casserole. Ajouter les piments rouges, l'asafoetida, le piment vert et le sel. Faites revenir ce mélange à feu moyen pendant 1 minute.

- Ajouter le mélange de graines de gingembre et de fenouil. Frire pendant une minute. Ajouter les épinards et l'eau. Couvrir avec un couvercle et laisser mijoter pendant 8 à 10 minutes. Servir chaud.

Chou-fleur sec

Pour 4 personnes

Ingrédients

3 cuillères à soupe d'huile végétale raffinée

1 cuillère à café de graines de cumin

cc de curcuma

2 piments verts, hachés finement

1 cuillère à café de pâte de gingembre

½ cuillère à café de sucre en poudre

400 g de fleurettes de chou-fleur

Sel au goût

60 ml d'eau

10 g/¼oz de feuilles de coriandre, hachées

Méthode

- Chauffer l'huile dans une casserole. Ajouter les graines de cumin. Laissez-les crachoter pendant 15 secondes.
- Ajouter le curcuma, les piments verts, la pâte de gingembre et le sucre en poudre. Faire revenir à feu moyen pendant une minute. Ajouter le chou-fleur, le sel et l'eau. Bien mélanger. Couvrir avec un couvercle et laisser mijoter pendant 12-15 minutes.
- Décorez avec les feuilles de coriandre. Servir chaud.

Korma de légumes

(Légumes mélangés)

Pour 4 personnes

Ingrédients

3 cuillères à soupe d'huile végétale raffinée

1 cm/½ po de cannelle

2 clous de girofle

2 gousses de cardamome verte

2 gros oignons, hachés finement

cc de curcuma

½ cuillère à café de pâte de gingembre

½ cuillère à café de pâte d'ail

Sel au goût

300g/10oz de légumes surgelés mélangés

250 ml/8 fl oz d'eau

1 cc de graines de pavot

Méthode

- Chauffer l'huile dans une casserole. Ajouter la cannelle, les clous de girofle et la cardamome. Laissez-les crachoter pendant 30 secondes.

- Ajouter les oignons, le curcuma, la pâte de gingembre, la pâte d'ail et le sel. Faites frire le mélange à feu moyen pendant 2-3 minutes, en remuant continuellement.

- Ajouter les légumes et l'eau. Bien mélanger. Couvrir avec un couvercle et laisser mijoter 5 à 6 minutes en remuant de temps en temps.

- Ajouter les graines de pavot. Bien mélanger. Laisser mijoter encore 2 minutes. Servir chaud.

Aubergines frites

Pour 4 personnes

Ingrédients

500g/1lb 2oz d'aubergines, tranchées

4 cuillères à soupe d'huile végétale raffinée

Pour la marinade :

1 cuillère à café de piment en poudre

½ cuillère à café de poivre noir moulu

½ cuillère à café de curcuma

1 cuillère à café d'amchoor*

Sel au goût

1 cuillère à soupe de farine de riz

Méthode

- Mélanger les ingrédients de la marinade ensemble. Faire mariner les tranches d'aubergine avec ce mélange pendant 10 minutes.
- Faites chauffer l'huile dans une poêle. Ajouter les tranches d'aubergine. Faites-les revenir à feu doux pendant 7 minutes. Retourner les tranches et faire revenir pendant 3 minutes. Servir chaud.

Curry de tomates rouges

Pour 4 personnes

Ingrédients

1 cuillère à soupe d'arachides grillées à sec (voir techniques de cuisson)

1 cuillère à soupe de noix de cajou grillées (voir techniques de cuisson)

4 tomates, hachées

1 petit poivron vert, haché

3 cuillères à soupe d'huile végétale raffinée

1 cuillère à café de pâte de gingembre

1 cuillère à café de pâte d'ail

1 gros oignon, haché

1½ cuillère à café de garam masala

cc de curcuma

½ cuillère à café de sucre

Sel au goût

Méthode

- Mélangez les cacahuètes et les noix de cajou ensemble et broyez-les. Mettre de côté.

- Broyer ensemble les tomates et le poivron vert. Mettre de côté.

- Faites chauffer l'huile dans une poêle. Ajouter la pâte de gingembre et la pâte d'ail. Faire revenir à feu moyen pendant une minute. Ajouter l'oignon, le garam masala, le curcuma, le sucre et le sel. Faites frire le mélange pendant 2-3 minutes.

- Ajouter le mélange arachide-noix de cajou et le mélange tomate-poivre. Bien mélanger. Couvrir avec un couvercle et laisser mijoter 15 minutes. Servir chaud.

Cari Aloo Matar

(Pomme de terre et pois au curry)

Pour 4 personnes

Ingrédients

1½ cuillère à soupe d'huile végétale raffinée

1 cuillère à café de graines de cumin

1 gros oignon, haché finement

½ cuillère à café de curcuma

1 cc de coriandre moulue

1 cuillère à café de cumin moulu

1 cuillère à café de piment en poudre

200g/7oz de purée de tomates

Sel au goût

2 grosses pommes de terre, hachées

400g/14oz de petits pois

120 ml d'eau

Méthode

- Chauffer l'huile dans une casserole. Ajouter les graines de cumin. Laissez-les crachoter pendant 15 secondes. Ajouter l'oignon. Faites-le frire à feu moyen jusqu'à ce qu'il devienne brun.

- Ajouter les ingrédients restants. Laisser mijoter 15 minutes. Servir chaud.

Badshahi Baingan

(Aubergine Royale)

Pour 4 personnes

Ingrédients

8 petites aubergines

Sel au goût

30g/1oz de ghee

2 gros oignons, tranchés

1 cuillère à soupe de noix de cajou

1 cuillère à soupe de raisins secs

1 cuillère à café de pâte de gingembre

1 cuillère à café de pâte d'ail

1 cc de coriandre moulue

1 cuillère à café de garam massala

cc de curcuma

200g/7oz de yaourt

1 cuillère à café de feuilles de coriandre, hachées

Méthode

- Coupez les aubergines en deux dans le sens de la longueur. Frottez-les avec du sel et mettez-les de côté pendant 10 minutes. Essorez l'excès d'humidité et réservez à nouveau.
- Faites chauffer le ghee dans une casserole. Ajouter les oignons, les noix de cajou et les raisins secs. Faites-les frire à feu moyen jusqu'à ce qu'elles soient dorées. Égoutter et réserver.
- Au même ghee, ajouter les aubergines et les faire frire à feu moyen jusqu'à ce qu'elles soient tendres. Égoutter et réserver.
- Ajouter la pâte de gingembre et la pâte d'ail au même ghee. Frire pendant une minute. Incorporer le reste des ingrédients. Cuire 7-8 minutes à feu moyen.
- Ajouter les aubergines. Laisser mijoter 2 minutes. Garnir avec les oignons frits, les noix de cajou et les raisins secs. Servir chaud.

Pommes de terre au Garam Masala

Pour 4 personnes

Ingrédients

3 cuillères à soupe d'huile végétale raffinée

1 gros oignon, haché finement

10 gousses d'ail, hachées finement

½ cuillère à café de curcuma

1 cuillère à café de garam massala

Sel au goût

3 grosses pommes de terre, bouillies et coupées en dés

240 ml/6 fl oz d'eau

Méthode

- Chauffer l'huile dans une casserole. Ajoutez l'oignon et l'ail. Frire pendant 2 minutes.
- Ajouter le reste des ingrédients et bien mélanger. Servir chaud.

Korma tamoul

(Légumes mélangés à la tamoule)

Pour 4 personnes

Ingrédients

4 cuillères à soupe d'huile végétale raffinée

1 cuillère à café de graines de cumin

2 grosses pommes de terre, hachées

2 grosses carottes, hachées

100g/3½oz de haricots verts, hachés

Sel au goût

Pour le mélange d'épices :

100g/3½oz de noix de coco fraîche, râpée

4 piments verts

100g/3½oz de feuilles de coriandre, hachées

1 cc de graines de pavot

1 cuillère à café de pâte de gingembre

1 cuillère à café de curcuma

Méthode

- Broyer tous les ingrédients du mélange d'épices en une pâte lisse. Mettre de côté.
- Chauffer l'huile. Ajouter les graines de cumin. Laissez-les crachoter pendant 15 secondes.
- Ajouter le reste des ingrédients et le mélange d'épices moulu. Cuire 15 minutes à feu doux en remuant de temps en temps. Servir chaud.

Aubergine séchée avec oignon et pomme de terre

Pour 4 personnes

Ingrédients

3 cuillères à soupe d'huile végétale raffinée

1 cc de graines de moutarde

300g/10oz d'aubergines, hachées

cc de curcuma

3 petits oignons, hachés finement

2 grosses pommes de terre, bouillies et coupées en dés

1 cuillère à café de piment en poudre

1 cuillère à café d'amchoor*

Sel au goût

Méthode

- Chauffer l'huile dans une casserole. Ajouter les graines de moutarde. Laissez-les crachoter pendant 15 secondes.
- Ajouter les aubergines et le curcuma. Faire revenir à feu doux pendant 10 minutes.

- Ajouter les ingrédients restants. Bien mélanger. Couvrir avec un couvercle et laisser mijoter 10 minutes. Servir chaud.

Koftas Lajawab

(Dumplings au fromage en sauce)

Pour 4 personnes

Ingrédients

3 cuillères à soupe d'huile végétale raffinée

3 gros oignons, râpés

2.5cm/1in racine de gingembre, moulu

3 tomates, en purée

1 cuillère à café de curcuma

Sel au goût

120 ml d'eau

Pour les koftas :

400 g/14 oz de fromage cheddar, en purée

250g/9oz de farine de maïs

½ cuillère à café de poivre noir fraîchement moulu

1 cuillère à café de garam massala

Sel au goût

Huile végétale raffinée pour la friture

Méthode

- Mélanger tous les ingrédients de la kofta, à l'exception de l'huile, ensemble. Répartissez en boules de la taille d'une noix. Chauffer l'huile dans une casserole. Ajoutez les koftas. Faites-les frire à feu moyen jusqu'à ce qu'ils soient dorés. Égoutter et réserver.

- Faites chauffer 3 cuillères à soupe d'huile dans une casserole. Ajouter les oignons et faire revenir jusqu'à coloration.

- Ajouter le reste des ingrédients et bien mélanger. Cuire 8 minutes en remuant de temps en temps. Ajouter les koftas à cette sauce et servir chaud.

Teekha Baingan Masala

(Aubergine piquante)

Pour 4 personnes

Ingrédients

2 cuillères à soupe d'huile végétale raffinée

3 gros oignons, hachés

10 gousses d'ail écrasées

2,5 cm de racine de gingembre, râpé

1 cuillère à café de pâte de tamarin

2 cuillères à soupe de garam massala

Sel au goût

500g/1lb 2oz de petites aubergines, hachées

Méthode

- Faites chauffer 2 cuillères à soupe d'huile dans une casserole. Ajouter les oignons. Faire revenir à feu moyen pendant 3 minutes. Ajouter l'ail, le gingembre, le tamarin, le garam masala et le sel. Bien mélanger.

- Ajouter les aubergines. Bien mélanger. Couvrir avec un couvercle et cuire à feu doux pendant 15 minutes en remuant de temps en temps. Servir chaud.

Kofta aux légumes

(Dumplings aux légumes en sauce crémeuse)

Pour 4 personnes

Ingrédients

6 grosses pommes de terre, pelées et hachées

3 grosses carottes, pelées et hachées

Sel au goût

Farine pour enrobage

2 cuillères à soupe d'huile végétale raffinée et un peu plus pour la friture

3 gros oignons, tranchés finement

4 gousses d'ail, hachées finement

2,5 cm de racine de gingembre, finement hachée

4 clous de girofle, moulus

½ cuillère à café de curcuma

2 tomates, en purée

1 cuillère à café de piment en poudre

4 cuillères à soupe de crème fraîche

25 g/peu de feuilles de coriandre, hachées

Méthode

- Faire bouillir les pommes de terre et les carottes dans de l'eau salée pendant 15 minutes. Égoutter et réserver le bouillon. Salez les légumes et écrasez-les.

- Divisez la purée en boules de la taille d'un citron. Enrober de farine et faire frire les koftas dans l'huile à feu moyen jusqu'à ce qu'elles soient dorées. Mettre de côté.

- Faites chauffer 2 cuillères à soupe d'huile dans une casserole. Ajouter les oignons, l'ail, le gingembre, les clous de girofle et le curcuma. Faire revenir à feu moyen pendant 4 à 5 minutes. Ajouter les tomates, la poudre de chili et le bouillon de légumes. Laisser mijoter 4 minutes.

- Ajoutez les koftas. Garnir de crème et de feuilles de coriandre. Servir chaud.

Citrouille sèche

Pour 4 personnes

Ingrédients

3 cuillères à soupe d'huile végétale raffinée

1 cuillère à café de graines de cumin

cc de curcuma

cc de coriandre moulue

Sel au goût

750g/1lb 10oz de citrouille, hachée

60 ml d'eau

Méthode

- Chauffer l'huile dans une casserole. Ajouter les graines de cumin et le curcuma. Laissez-les crachoter pendant 15 secondes.
- Ajouter les ingrédients restants. Bien mélanger. Couvrir avec un couvercle et laisser mijoter 15 minutes. Servir chaud.

Légumes Assortis au Fenugrec

Pour 4 personnes

Ingrédients

4-5 cuillères à soupe d'huile végétale raffinée

1 cc de graines de moutarde

½ cuillère à café de graines de fenugrec

2 gros oignons, hachés finement

2 grosses patates douces, coupées en dés

4 petites aubergines coupées en dés

2 gros poivrons verts, coupés en dés

3 grosses pommes de terre, coupées en dés

100g/3½oz de haricots verts, hachés

½ cuillère à café de curcuma

1 cuillère à café de piment en poudre

2 cuillères à soupe de pâte de tamarin

1 cuillère à soupe de feuilles de coriandre hachées

8-10 feuilles de curry

1 cuillère à café de sucre

Sel au goût

750 ml/1¼ pintes d'eau

Méthode

- Chauffer l'huile dans une casserole. Ajouter la moutarde et les graines de fenugrec. Laissez-les crachoter pendant 15 secondes. Ajouter les oignons. Frire jusqu'à ce qu'il soit translucide.

- Ajouter le reste des ingrédients, sauf l'eau. Bien mélanger. Ajouter l'eau. Laisser mijoter 20 minutes. Servir chaud.

Dum Gobhi

(Chou-fleur mijoté)

Pour 4 personnes

Ingrédients

2,5 cm de racine de gingembre, coupée en julienne

2 tomates, hachées finement

cc de curcuma

1 cuillère à soupe de yaourt

½ cuillère à café de garam masala

Sel au goût

800 g de bouquets de chou-fleur

Méthode

- Mélanger tous les ingrédients, sauf les bouquets de chou-fleur.
- Placer les bouquets de chou-fleur dans une casserole et verser ce mélange dessus. Couvrir avec un couvercle et laisser mijoter 20 minutes en remuant de temps en temps. Servir chaud.

Chhole

(Pois chiche au curry)

Pour 5 personnes

Ingrédients

375 g/13 oz de pois chiches, trempés pendant la nuit

1 litre/1¾ pintes d'eau

Sel au goût

1 tomate, hachée finement

3 petits oignons, hachés finement

1½ cuillère à soupe de feuilles de coriandre, hachées finement

2 cuillères à soupe d'huile végétale raffinée

1 cuillère à café de graines de cumin

1 cuillère à café de pâte de gingembre

1 cuillère à café de pâte d'ail

2 feuilles de laurier

1 cuillère à café de sucre

1 cuillère à café de piment en poudre

½ cuillère à café de curcuma

1 cuillère à soupe de ghee

4 piments verts, coupés dans le sens de la longueur

½ cuillère à café de cannelle moulue

½ cuillère à café de clou de girofle moulu

Jus de 1 citron

Méthode

- Mélanger les pois chiches avec la moitié de l'eau et le sel. Cuire ce mélange dans une casserole à feu moyen pendant 30 minutes. Retirer du feu et égoutter les pois chiches.
- Broyer 2 cuillères à soupe de pois chiches avec la moitié de la tomate, un oignon et la moitié des feuilles de coriandre en une pâte fine. Mettre de côté.
- Chauffer l'huile dans une grande casserole. Ajouter les graines de cumin. Laissez-les crachoter pendant 15 secondes.
- Ajouter les oignons restants, la pâte de gingembre et la pâte d'ail. Faites revenir ce mélange à feu moyen jusqu'à ce que les oignons soient dorés.
- Ajouter la tomate restante avec les feuilles de laurier, le sucre, la poudre de piment, le curcuma et la pâte de pois chiche-tomate. Faites frire ce mélange à feu moyen pendant 2-3 minutes.
- Ajouter les pois chiches restants avec le reste d'eau. Laisser mijoter 8-10 minutes. Mettre de côté.
- Faites chauffer le ghee dans une petite casserole. Ajouter les piments verts, la cannelle moulue et le clou de girofle. Laissez-les crachoter pendant 30 secondes. Versez ce mélange sur les pois chiches. Bien mélanger.

Saupoudrer le jus de citron et les feuilles de coriandre restantes sur le dessus du chhole. Servir chaud.

Curry d'aubergines aux oignons et pommes de terre

Pour 4 personnes

Ingrédients

3 cuillères à soupe d'huile végétale raffinée

2 gros oignons, hachés finement

1 cuillère à café de pâte de gingembre

1 cuillère à café de pâte d'ail

1 cc de coriandre moulue

1 cuillère à café de cumin moulu

1 cuillère à café de piment en poudre

cc de curcuma

120 ml d'eau

Sel au goût

250g/9oz de petites aubergines

250g/9oz de pommes de terre grelots, coupées en deux

50 g de feuilles de coriandre finement hachées

Méthode

- Chauffer l'huile dans une casserole. Ajouter les oignons. Faites frire jusqu'à ce qu'ils deviennent translucides.
- Ajouter le reste des ingrédients, sauf les feuilles de coriandre. Bien mélanger. Laisser mijoter 15 minutes.
- Décorez avec les feuilles de coriandre. Servir chaud.

Gourde Bouteille Simple

Ingrédients

½ cuillère à soupe de ghee

1 cuillère à café de graines de cumin

2 piments verts, coupés dans le sens de la longueur

gourde bouteille 750g/1lb 10oz*, haché

Sel au goût

120 ml de lait

1 cuillère à soupe de noix de coco desséchée

10 g/¼oz de feuilles de coriandre, finement hachées

Méthode

- Faites chauffer le ghee dans une casserole. Ajouter les graines de cumin et les piments verts. Laissez-les crachoter pendant 15 secondes.

- Ajouter la gourde, le sel et le lait. Laisser mijoter 10-12 minutes.

- Ajouter les ingrédients restants. Bien mélanger. Servir chaud.

Curry de légumes mélangés

Pour 4 personnes

Ingrédients

3 cuillères à soupe d'huile végétale raffinée

1 cuillère à café de graines de cumin

1 cc de coriandre moulue

½ cuillère à café de cumin moulu

1 cuillère à café de piment en poudre

cc de curcuma

½ cuillère à café de sucre

1 carotte, coupée en lanières

1 grosse pomme de terre, coupée en dés

200g/7oz de haricots verts, hachés

50 g de fleurettes de chou-fleur

Sel au goût

200g/7oz de purée de tomates

120 ml d'eau

10 g/¼oz de feuilles de coriandre, finement hachées

Méthode

- Chauffer l'huile dans une casserole. Ajouter les graines de cumin, la coriandre moulue et le cumin moulu. Laissez-les crachoter pendant 15 secondes.
- Ajouter le reste des ingrédients, sauf les feuilles de coriandre. Bien mélanger. Laisser mijoter 15 minutes.
- Garnir le curry de feuilles de coriandre. Servir chaud.

Légumes mélangés secs

Pour 4 personnes

Ingrédients

3 cuillères à soupe d'huile végétale raffinée

1 cuillère à café de graines de cumin

1 cc de coriandre moulue

½ cuillère à café de cumin moulu

cc de curcuma

1 carotte, coupée en julienne

1 grosse pomme de terre, coupée en dés

200g/7oz de haricots verts, hachés

60 g de bouquets de chou-fleur

Sel au goût

120 ml d'eau

10 g/¼oz de feuilles de coriandre, hachées

Méthode

- Chauffer l'huile dans une casserole. Ajouter les graines de cumin. Laissez-les crachoter pendant 15 secondes.

- Ajouter le reste des ingrédients, sauf les feuilles de coriandre. Bien mélanger et cuire 15 minutes à feu doux.

- Décorez avec les feuilles de coriandre et servez chaud.

Pommes de terre et petits pois secs

Pour 4 personnes

Ingrédients

3 cuillères à soupe d'huile végétale raffinée

1 cuillère à café de graines de cumin

½ cuillère à café de curcuma

1 cuillère à café de garam massala

2 grosses pommes de terre, bouillies et coupées en dés

400g/14oz de petits pois cuits

Sel au goût

Méthode

- Chauffer l'huile dans une casserole. Ajouter les graines de cumin et le curcuma. Laissez-les crachoter pendant 15 secondes.
- Ajouter les ingrédients restants. Faire sauter à feu moyen pendant 5 minutes. Servir chaud.

Dhokar Dhalna

(Curry Gramme du Bengale)

Pour 4 personnes

Ingrédients

300g/10oz de chana dhal*, trempé toute la nuit

2 cuillères à soupe d'huile de moutarde

1 cuillère à café de graines de cumin

Sel au goût

5cm/2in cannelle

4 gousses de cardamome verte

6 clous de girofle

½ cuillère à café de curcuma

½ cuillère à café de sucre

250 ml/8 fl oz d'eau

3 grosses pommes de terre, coupées en dés et frites

Méthode

- Broyer le chana dhal avec suffisamment d'eau pour former une pâte lisse. Mettre de côté.

- Faites chauffer la moitié de l'huile dans une casserole. Ajouter la moitié des graines de cumin. Laissez-les crachoter pendant 15 secondes. Ajouter la pâte de dhal et le sel. Faire frire 2-3 minutes. Égoutter et étaler sur une grande assiette et laisser reposer. Couper en morceaux de 2,5 cm/1 po. Mettre de côté.

- Faites frire ces morceaux de dhal dans l'huile restante jusqu'à ce qu'ils soient dorés. Mettre de côté.

- Dans la même huile, ajouter le reste des ingrédients, sauf les pommes de terre. Cuire 2 minutes. Ajouter les pommes de terre et les morceaux de dhal. Bien mélanger. Cuire à feu doux pendant 4-5 minutes. Servir chaud.

Pommes de terre frites épicées

Pour 4 personnes

Ingrédients

250 ml/8 fl oz d'huile végétale raffinée

3 grosses pommes de terre, coupées en fines lanières

½ cuillère à café de piment en poudre

1 cuillère à café de poivre noir fraîchement moulu

Sel au goût

Méthode

- Chauffer l'huile dans une casserole. Ajouter les lanières de pommes de terre. Faites-les frire à feu moyen jusqu'à ce qu'ils soient dorés.
- Égoutter et bien mélanger avec le reste des ingrédients. Servir chaud.

Citrouille au gramme bouilli

Pour 4 personnes

Ingrédients

1 cuillère à soupe d'huile végétale raffinée

1 cuillère à café de graines de cumin

½ cuillère à café de curcuma

500g/1lb 2oz de citrouille, coupée en morceaux

125g/4½oz de kaala chana*, cuit

1 cc de coriandre moulue

1 cuillère à café de cumin moulu

1 cuillère à café de piment en poudre

Sel au goût

120 ml d'eau

10 g/¼oz de feuilles de coriandre, finement hachées

Méthode

- Chauffer l'huile dans une casserole. Ajouter les graines de cumin et le curcuma. Laissez-les crachoter pendant 15 secondes.

- Ajouter le reste des ingrédients, sauf l'eau et les feuilles de coriandre. Faites frire le mélange à feu moyen pendant 2-3 minutes.

- Ajouter l'eau. Bien mélanger. Couvrir avec un couvercle et laisser mijoter 15 minutes en remuant de temps en temps.

- Décorez avec les feuilles de coriandre. Servir chaud.

Dum Aloo

(Pommes de terre à cuisson lente)

Pour 4 personnes

Ingrédients

1 cuillère à soupe d'huile végétale raffinée

500g/1lb 2oz de pommes de terre grelots, bouillies et épluchées

Sel au goût

1 cuillère à café de pâte de tamarin

Pour la pâte :

½ cuillère à café de piment en poudre

cc de curcuma

¼ cc de poivre noir en grains

2 cuillères à café de graines de coriandre

1 cardamome noire

2,5 cm/1 po de cannelle

2 clous de girofle

6 gousses d'ail

Méthode

- Broyer les ingrédients de la pâte ensemble. Faites chauffer l'huile dans une poêle. Ajouter la pâte. Faire revenir à feu moyen pendant 10 minutes.
- Ajouter les ingrédients restants. Bien mélanger. Cuire 8 minutes. Servir chaud.

Makkhanwala aux légumes

(Légumes au beurre)

Pour 4 personnes

Ingrédients

120ml/4fl oz de crème liquide

½ cuillère à café de farine blanche nature

120 ml de lait

4 cuillères à soupe de ketchup

1 cuillère à soupe de beurre

2 gros oignons, hachés finement

500g/1lb 2oz de légumes surgelés mélangés

1 cuillère à café de garam massala

½ cuillère à café de piment en poudre

Sel au goût

Méthode

- Mélanger la crème, la farine, le lait et le ketchup. Mettre de côté.
- Faites chauffer le beurre dans une casserole. Ajouter les oignons. Faites-les frire à feu moyen jusqu'à ce qu'ils deviennent translucides.

- Ajouter les légumes, le garam masala, la poudre de piment, le sel et le mélange crème-farine. Bien mélanger. Laisser mijoter 10-12 minutes. Servir chaud.

Haricots verts au mung dhal

Pour 4 personnes

Ingrédients

1 cuillère à soupe d'huile végétale raffinée

1 cc de graines de moutarde

cc de curcuma

2 piments verts, coupés dans le sens de la longueur

400 g/14 oz de haricots verts, hachés

3 cuillères à soupe de mung dhal*, trempé pendant 30 minutes et égoutté

Sel au goût

120 ml d'eau

2 cuillères à soupe de feuilles de coriandre hachées

Méthode

- Chauffer l'huile dans une casserole. Ajouter les graines de moutarde, le curcuma et les piments verts. Laissez-les crachoter pendant 15 secondes.
- Ajouter le reste des ingrédients, sauf l'eau et les feuilles de coriandre. Bien mélanger. Ajouter l'eau. Laisser mijoter 15 minutes.
- Ajouter les feuilles de coriandre et servir chaud.

Pomme de terre épicée avec sauce au yaourt

Pour 4 personnes

Ingrédients

1 cuillère à café de besan*, mélangé avec 4 cuillères à soupe d'eau

200g/7oz de yaourt

750g/1lb 10oz de pommes de terre, bouillies et coupées en dés

½ cuillère à café de chaat masala*

½ c. à thé de cumin moulu, rôti à sec (voir techniques de cuisson)

½ cuillère à café de piment en poudre

cc de curcuma

1 cuillère à soupe d'huile végétale raffinée

1 cuillère à café de graines de sésame blanches

2 piments rouges séchés, coupés en quatre

Sel au goût

10 g/¼oz de feuilles de coriandre, finement hachées

Méthode

- Fouettez la pâte de besan avec le yaourt. Mettre de côté.

- Mélanger les pommes de terre avec le chaat masala, le cumin moulu, la poudre de piment et le curcuma. Mettre de côté.

- Chauffer l'huile dans une casserole. Ajouter les graines de sésame et les morceaux de piment. Laissez-les crachoter pendant 15 secondes.

- Ajouter les pommes de terre, le mélange de yaourt et le sel. Bien mélanger. Laisser mijoter 4-5 minutes. Décorez avec les feuilles de coriandre. Servir chaud.

Poivron vert farci

Pour 4 personnes

Ingrédients

4 cuillères à soupe d'huile végétale raffinée

1 gros oignon, moulu

½ cuillère à café de pâte de gingembre

½ cuillère à café de pâte d'ail

1 cuillère à café de garam massala

2 grosses pommes de terre, bouillies et écrasées

50 g de pois bouillis

1 petite carotte, bouillie et hachée

Pincée d'asafoetida

Sel au goût

8 petits poivrons verts, épépinés

Méthode

- Faites chauffer ½ cuillère à soupe d'huile dans une poêle. Ajouter l'oignon et faire revenir jusqu'à ce qu'il soit translucide.

- Ajouter le reste des ingrédients, sauf les poivrons. Bien mélanger. Frire pendant 3-4 minutes.

- Farcir ce mélange dans les poivrons. Mettre de côté.

- Faites chauffer le reste d'huile dans une poêle. Ajouter les poivrons farcis. Faites-les frire à feu doux pendant 7 à 10 minutes en les retournant de temps en temps. Servir chaud.

Doi Phulkopi Aloo

(Chou-fleur à la Bengali et pomme de terre au yaourt)

Pour 4 personnes

Ingrédients

300g de yaourt

cc de curcuma

1 cuillère à café de sucre

Sel au goût

200g/7oz de fleurons de chou-fleur

4 pommes de terre, coupées en dés et légèrement frites

2 cuillères à soupe d'huile de moutarde

5cm/2in cannelle

4 gousses de cardamome verte

6 clous de girofle

2 feuilles de laurier

Méthode

- Mélanger le yaourt, le curcuma, le sucre et le sel. Faire mariner le chou-fleur et les pommes de terre avec ce mélange pendant 20 minutes.

- Chauffer l'huile dans une casserole. Faites frire les ingrédients restants pendant 1-2 minutes.

- Ajouter les légumes marinés. Cuire à feu doux pendant 6-7 minutes. Servir chaud.

Poivre Vert au Besan

Pour 4 personnes

Ingrédients

4 cuillères à soupe d'huile végétale raffinée

½ cuillère à café de graines de moutarde

500g/1lb 2oz de poivrons verts, épépinés et hachés

½ cuillère à café de curcuma

½ cuillère à café de coriandre moulue

½ cuillère à café de cumin moulu

500g/1lb 2oz besan_*_, mélangé avec 120ml/4fl oz d'eau

1 cuillère à café de sucre

Sel au goût

1 cuillère à soupe de feuilles de coriandre

Méthode

- Chauffer l'huile dans une casserole. Ajouter les graines de moutarde. Laissez-les crachoter pendant 15 secondes.
- Ajouter les poivrons verts, le curcuma, la coriandre moulue et le cumin moulu. Bien mélanger. Couvrir avec un couvercle et laisser mijoter 5-7 minutes.

- Ajouter le besan, le sucre et le sel. Remuer jusqu'à ce que le besan enrobe les poivrons. Décorez avec les feuilles de coriandre. Servir chaud.

Aubergine aux petits pois

Pour 4 personnes

Ingrédients

2 cuillères à soupe d'huile végétale raffinée

½ cuillère à café de graines de moutarde

Pincée d'asafoetida

½ cuillère à café de curcuma

2 gros oignons, hachés finement

2 tomates, hachées finement

1 cuillère à café de sucre

Sel au goût

120 ml d'eau

300g/10oz de petites aubergines, hachées

400g/14oz de pois verts frais

25g/peu de feuilles de coriandre 1oz

Méthode

- Chauffer l'huile dans une casserole. Ajouter les graines de moutarde, l'asafoetida et le curcuma. Laissez-les crachoter pendant 15 secondes.

- Ajouter les oignons. Faites frire jusqu'à ce qu'ils brunissent. Ajouter les tomates, le sucre, le sel, l'eau, les aubergines et les petits pois. Bien mélanger. Couvrir avec un couvercle. Laisser mijoter 10 minutes.

- Décorez avec les feuilles de coriandre. Servir chaud.

Bandakopir Ghonto

(Chou Style Bengali aux Petits Pois)

Pour 4 personnes

Ingrédients

2 cuillères à soupe d'huile de moutarde

1 cuillère à café de graines de cumin

4 piments verts, hachés

½ cuillère à café de curcuma

1 cuillère à café de sucre

150g/5½oz de chou, tranché finement

400g/14oz de petits pois surgelés

Sel au goût

¼ cuillère à café de cannelle moulue

cc de cardamome moulue

cc de clous de girofle moulus

Méthode

- Chauffer l'huile dans une casserole. Ajouter les graines de cumin et les piments verts. Laissez-les crachoter pendant 15 secondes.

- Ajouter le curcuma, le sucre, le chou, les petits pois et le sel. Bien mélanger. Couvrir avec un couvercle et cuire à feu doux pendant 8 à 10 minutes.

- Garnir avec la cannelle moulue, la cardamome et les clous de girofle. Servir chaud.